40 FRAMEWORKS DEVWEB & APIS

Um Guia Essencial para Desenvolvedores Modernos

Diego Rodrigues

40 FRAMEWORKS DevWEB & APIs
Um Guia Essencial para Desenvolvedores Modernos

Edição 2025
Autor: Diego Rodrigues
studiod21portoalegre@gmail.com

Publicado por StudioD21.

Nota Importante

Os códigos e scripts apresentados neste livro têm como objetivo ilustrar os conceitos discutidos nos capítulos, servindo como exemplos práticos. Esses exemplos foram desenvolvidos em ambientes personalizados e controlados, e portanto, não há garantia de que funcionarão plenamente em todos os cenários. É essencial verificar as configurações e personalizações do ambiente onde serão aplicados para assegurar seu funcionamento adequado. Agradecemos pela compreensão.

ÍNDICE

Página do título

SAUDAÇÕES   1

Sobre o Autor   3

Apresentação do Livro   4

MÓDULO 1: FRAMEWORKS PARA FRONTEND – 8
CONSTRUÇÃO DE INTERFACES WEB

Capítulo 1 – React   10

Capítulo 2 – Vue.js   17

Capítulo 3 – Angular   24

Capítulo 4 – Svelte   31

Capítulo 5 – Next.js   38

Capítulo 6 – Nuxt.js   45

Capítulo 7 – Solid.js   52

MÓDULO 2: FRAMEWORKS PARA BACKEND – 58
SERVIDORES E APLICAÇÕES WEB

Capítulo 8 – Express.js (Node.js)   60

Capítulo 9 – NestJS (Node.js)   67

Capítulo 10 – Fastify (Node.js)   74

Capítulo 11 – Django (Python)   81

Capítulo 12 – Flask (Python)   88

Capítulo 13 – Spring Boot (Java)   95

Capítulo 14 – Micronaut (Java)   103

Capítulo 15 – Ruby on Rails (Ruby)   111

Capítulo 16 – Fiber (Go)   118

Capítulo 17 – Laravel (PHP)   126

MÓDULO 3: FRAMEWORKS PARA APIS E GRAPHQL – COMUNICAÇÃO ENTRE SISTEMAS   134

Capítulo 18 – Apollo GraphQL   136

Capítulo 19 – Hasura   144

Capítulo 20 – GraphQL Yoga   152

Capítulo 21 – tRPC   161

Capítulo 22 – LoopBack   168

Capítulo 23 – FastAPI (Python)   176

Capítulo 24 – Hapi.js   183

MÓDULO 4: FRAMEWORKS PARA FULL-STACK – DESENVOLVIMENTO COMPLETO   191

Capítulo 25 – RedwoodJS   193

Capítulo 26 – Blitz.js   200

Capítulo 27 – AdonisJS   207

Capítulo 28 – Meteor   215

Capítulo 29 – Strapi   223

Capítulo 30 – Remix   229

MÓDULO 5: FRAMEWORKS PARA SERVERLESS E EDGE COMPUTING – EXECUÇÃO NA NUVEM   236

Capítulo 31 – Serverless Framework   238

Capítulo 32 – Vercel   246

Capítulo 33 – Netlify   253

Capítulo 34 – AWS Amplify   260

Capítulo 35 – Deno Deploy   268

MÓDULO 6: FRAMEWORKS PARA SEGURANÇA E   275

AUTENTICAÇÃO – PROTEÇÃO E GESTÃO DE ACESSO

Capítulo 36 – Auth.js	277
Capítulo 37 – Keycloak	284
Capítulo 38 – Supabase Auth	291
Capítulo 39 – Ory	298
Capítulo 40 – Open Policy Agent (OPA)	305
Conclusão Final	311

SAUDAÇÕES

Olá, caro leitor!

É com grande entusiasmo que o recebo para explorar as poderosas ferramentas do desenvolvimento web e a versatilidade das APIs. Sua decisão de aprofundar seus conhecimentos em frameworks modernos reflete um compromisso notável com a evolução profissional e a busca por excelência no desenvolvimento de aplicações eficientes e escaláveis.

Neste livro, *"40 FRAMEWORKS DevWEB & APIs"*, você encontrará um guia completo e atualizado, cobrindo desde os conceitos fundamentais até as implementações mais avançadas dos frameworks mais relevantes da atualidade. Cada framework foi cuidadosamente selecionado para fornecer a você uma visão abrangente sobre o desenvolvimento web moderno, permitindo a construção de aplicações robustas, seguras e altamente performáticas.

Ao dedicar-se a este estudo, você está se preparando para enfrentar os desafios da era digital, onde a rapidez no desenvolvimento, a qualidade do código e a escalabilidade das aplicações são essenciais. Seja você um desenvolvedor experiente buscando aprimorar suas habilidades ou alguém que deseja compreender melhor as ferramentas disponíveis no mercado, este livro servirá como um roteiro estratégico para elevar suas capacidades técnicas e permitir que você faça escolhas informadas sobre qual framework utilizar em cada cenário.

A cada capítulo, exploraremos um framework específico, abordando sua estrutura, funcionalidades, melhores práticas e casos de uso. Você aprenderá desde os conceitos básicos e a instalação até exemplos práticos que demonstram como aplicar essas tecnologias no desenvolvimento de aplicações reais. Além disso, serão apresentados erros comuns e como evitá-los, garantindo que você consiga implementar soluções eficientes e bem estruturadas desde o início.

Em um mundo digital que avança rapidamente, dominar frameworks de DevWeb e APIs não é apenas um diferencial competitivo, mas uma necessidade para se destacar no mercado. Este livro foi projetado para ser um guia de referência técnica, permitindo que você aplique imediatamente os conhecimentos adquiridos na criação de aplicações modernas e escaláveis.

Prepare-se para uma jornada intensa e enriquecedora. Cada seção deste livro foi desenvolvida para expandir suas habilidades, proporcionando o conhecimento necessário para que você domine as tecnologias essenciais do desenvolvimento web. Juntos, vamos explorar as tendências mais inovadoras, entender como os frameworks moldam a maneira como construímos aplicações e transformar complexidade em eficiência por meio do uso estratégico das ferramentas apresentadas.

SOBRE O AUTOR
www.linkedin.com/in/diegoexpertai

Autor Best-Seller, Diego Rodrigues é Consultor e Escritor Internacional especializado em Inteligência de Mercado, Tecnologia e Inovação. Com 42 certificações internacionais de instituições como IBM, Google, Microsoft, AWS, Cisco, e Universidade de Boston, Ec-Council, Palo Alto e META.

Rodrigues é expert em Inteligência Artificial, Machine Learning, Ciência de Dados, Big Data, Blockchain, Tecnologias de Conectividade, Ethical Hacking e Threat Intelligence.

Desde 2003, Rodrigues já desenvolveu mais de 200 projetos para marcas importantes no Brasil, EUA e México. Em 2024, ele se consolida como um dos maiores autores de livros técnicos do mundo da nova geração, com mais de 180 títulos publicados em seis idiomas.

APRESENTAÇÃO DO LIVRO

O desenvolvimento web nunca foi tão dinâmico e essencial para o avanço da tecnologia. Com aplicações cada vez mais complexas e a necessidade crescente de escalabilidade e segurança, o uso de frameworks se tornou indispensável para otimizar a construção e manutenção de sistemas eficientes. Este livro foi projetado para proporcionar um aprendizado estruturado e progressivo, permitindo que você domine os **principais frameworks de DevWeb & APIs** e faça escolhas estratégicas conforme suas necessidades.

A jornada começa no **Capítulo 1**, com uma introdução ao **React**, um dos frameworks mais populares para desenvolvimento frontend. Exploramos sua arquitetura baseada em componentes, suas vantagens sobre outras bibliotecas e como ele revolucionou a forma de construir interfaces dinâmicas. No **Capítulo 2**, avançamos para o **Vue.js**, conhecido por sua flexibilidade e curva de aprendizado suave, seguido pelo **Angular** no **Capítulo 3**, um framework robusto mantido pelo Google e amplamente utilizado em aplicações empresariais.

A evolução dos frameworks frontend continua com o **Svelte** no **Capítulo 4**, que simplifica o desenvolvimento ao compilar código para JavaScript altamente otimizado. No **Capítulo 5**, apresentamos o **Next.js**, um framework poderoso para React que possibilita renderização no servidor e geração estática. O **Capítulo 6** explora o **Nuxt.js**, equivalente ao Next.js no ecossistema Vue.js, trazendo melhorias na experiência do desenvolvedor e otimização de SEO. Encerramos este módulo com o **Capítulo 7**, dedicado ao **Solid.js**, um framework inovador que une performance e reatividade em um modelo de desenvolvimento eficiente.

No **Módulo 2**, abordamos frameworks para **backend**, começando pelo **Express.js** no **Capítulo 8**, um dos frameworks mais leves e populares para criação de APIs em **Node.js**. No **Capítulo 9**, exploramos o **NestJS**, que combina TypeScript e arquitetura modular para construção de aplicações escaláveis. O **Fastify**, no **Capítulo 10**, se destaca pelo alto desempenho e baixo consumo de recursos.

Avançamos para frameworks baseados em **Python** com **Django** no **Capítulo 11**, um framework completo que traz segurança e produtividade para aplicações web, seguido pelo **Flask** no **Capítulo 12**, ideal para microsserviços e projetos que exigem maior flexibilidade. No **Capítulo 13**, apresentamos o **Spring Boot**, amplamente utilizado na comunidade **Java** para criação de aplicações empresariais robustas. No **Capítulo 14**, exploramos o **Micronaut**, uma alternativa leve para desenvolvimento em **Java** e **Kotlin**, oferecendo inicialização rápida e baixo consumo de memória.

O **Capítulo 15** é dedicado ao **Ruby on Rails**, conhecido por sua produtividade e convenções simplificadas. No **Capítulo 16**, abordamos o **Fiber**, um framework minimalista para **Go**, que prioriza performance e simplicidade. Encerramos este módulo com o **Capítulo 17**, onde exploramos o **Laravel**, um dos frameworks mais poderosos e completos para desenvolvimento em **PHP**.

O **Módulo 3** foca em **frameworks para APIs e GraphQL**, começando pelo **Apollo GraphQL** no **Capítulo 18**, que facilita a implementação de APIs modernas. No **Capítulo 19**, apresentamos o **Hasura**, um framework de código aberto que permite gerar APIs GraphQL instantaneamente a partir de bancos de dados. O **Capítulo 20** cobre o **GraphQL Yoga**, uma opção leve e flexível para GraphQL.

No **Capítulo 21**, exploramos o **tRPC**, um framework que permite integração direta entre frontend e backend com TypeScript. O **Capítulo 22** aborda o **LoopBack**, um framework que acelera a criação de APIs REST e GraphQL. O **Capítulo 23** apresenta o **FastAPI**, um dos frameworks mais rápidos para **Python**, ideal para construir APIs performáticas e bem documentadas. No **Capítulo 24**, abordamos o **Hapi.js**, um framework modular para Node.js, focado em segurança e confiabilidade.

O **Módulo 4** é dedicado a **frameworks full-stack**, começando com o **RedwoodJS** no **Capítulo 25**, uma abordagem moderna que combina React, GraphQL e Prisma. No **Capítulo 26**, exploramos o **Blitz.js**, um framework inspirado no Rails, mas voltado para aplicações **React** e **Next.js**. O **Capítulo 27** apresenta o **AdonisJS**, um framework backend para Node.js com estrutura MVC robusta.

No **Capítulo 28**, abordamos o **Meteor**, uma solução full-stack altamente integrada. O **Capítulo 29** explora o **Strapi**, um headless CMS flexível para gerenciamento de conteúdo via APIs. Encerramos o módulo no **Capítulo 30**, com o **Remix**, um framework moderno que aproveita o poder do JavaScript e das renderizações híbridas.

O **Módulo 5** cobre **frameworks para serverless e edge computing**, começando com o **Serverless Framework** no **Capítulo 31**, permitindo a construção de aplicações sem servidor com suporte a diversas plataformas. No **Capítulo 32**, exploramos o **Vercel**, que facilita o deploy de aplicações **React, Next.js** e outras tecnologias. O **Capítulo 33** cobre o **Netlify**, uma solução poderosa para deploy e automação de aplicações JAMstack.

No **Capítulo 34**, apresentamos o **AWS Amplify**, um framework para desenvolvimento de aplicações web e mobile integradas aos serviços da **AWS**. O **Capítulo 35** finaliza o módulo com o **Deno Deploy**, uma plataforma otimizada para executar aplicações **Deno** na nuvem.

Por fim, o **Módulo 6** aborda **frameworks para segurança e autenticação**, essenciais para proteção de aplicações. No **Capítulo 36**, exploramos o **Auth.js**, uma biblioteca para autenticação simplificada. O **Capítulo 37** cobre o **Keycloak**, uma solução robusta de identidade e acesso open-source. No **Capítulo 38**, discutimos o **Supabase Auth**, uma alternativa moderna baseada no PostgreSQL.

O **Capítulo 39** é dedicado ao **Ory**, um framework especializado em controle de acesso. Encerramos o livro com o **Capítulo 40**, apresentando o **Open Policy Agent (OPA)**, um mecanismo flexível para gerenciamento de políticas de segurança.

Com este livro, você terá um guia definitivo para escolher e implementar os melhores **frameworks de DevWeb & APIs**, seja para otimizar sua produtividade, melhorar a segurança ou desenvolver aplicações escaláveis e modernas. Ao dominar essas ferramentas, você estará preparado para enfrentar os desafios do desenvolvimento web e se destacar no mercado.

MÓDULO 1: FRAMEWORKS PARA FRONTEND – CONSTRUÇÃO DE INTERFACES WEB

O desenvolvimento frontend evoluiu significativamente nos últimos anos, impulsionado pela necessidade de interfaces mais dinâmicas, performáticas e escaláveis. Com a crescente complexidade das aplicações web, a escolha do framework adequado tornou-se essencial para garantir produtividade, manutenibilidade e uma experiência do usuário otimizada.

Neste módulo, exploraremos os principais **frameworks para frontend**, analisando suas características, vantagens e casos de uso ideais. Cada um desses frameworks desempenha um papel crucial na criação de interfaces modernas, facilitando a implementação de componentes reutilizáveis, a organização do código e a otimização da renderização.

Desde soluções consolidadas, como **React, Vue.js e Angular**, até abordagens inovadoras como **Svelte, Next.js, Nuxt.js e Solid.js**, este módulo apresentará ferramentas que permitem desenvolver aplicações eficientes, responsivas e escaláveis. Ao longo dos capítulos, você aprenderá como instalar, configurar e utilizar cada framework, além de entender as melhores práticas e evitar erros comuns.

Compreender as nuances de cada tecnologia é fundamental para tomar decisões estratégicas na construção de projetos frontend robustos. Ao finalizar este módulo, você terá um domínio sólido sobre os frameworks mais relevantes do mercado e estará apto a escolher a ferramenta ideal para cada tipo de aplicação.

CAPÍTULO 1 – REACT

O React é uma biblioteca JavaScript para a construção de interfaces de usuário dinâmicas e reativas. Criado pelo Facebook, ele permite a criação de componentes reutilizáveis, que gerenciam seu próprio estado e atualizam a interface do usuário de forma eficiente. Seu diferencial está na adoção da Virtual DOM, um mecanismo que otimiza o processo de renderização e melhora o desempenho da aplicação ao atualizar apenas os elementos necessários.

A modularidade do React permite que os desenvolvedores dividam interfaces complexas em pequenas partes independentes e reutilizáveis. Esse modelo facilita a manutenção do código, tornando as aplicações mais escaláveis e organizadas. Além disso, o ecossistema do React inclui bibliotecas e ferramentas poderosas, como o React Router para gerenciamento de rotas e o Redux para controle avançado de estado.

Com uma abordagem declarativa, o React simplifica o desenvolvimento ao permitir que os desenvolvedores descrevam como a interface deve se comportar em diferentes estados, sem a necessidade de manipular diretamente o DOM. Essa característica torna a escrita de código mais previsível e fácil de depurar, melhorando a produtividade e a confiabilidade das aplicações.

Instalação e configuração básica

A instalação do React pode ser feita de diferentes formas, dependendo do ambiente e das necessidades do projeto.

O método mais comum para iniciar um novo projeto é utilizando o **Create React App (CRA)**, uma ferramenta oficial que configura automaticamente a estrutura e as dependências iniciais.

Para instalar o CRA e criar um novo projeto, execute:
bash

```
npx create-react-app meu-projeto
cd meu-projeto
npm start
```

Esse comando cria um diretório chamado **meu-projeto** e configura automaticamente uma estrutura de arquivos, incluindo uma aplicação React funcional pronta para ser executada no navegador.

Outra alternativa é o **Vite**, uma ferramenta mais leve e rápida para iniciar projetos React modernos:
bash

```
npm create vite@latest meu-projeto --template react
cd meu-projeto
npm install
npm run dev
```

O Vite otimiza o tempo de inicialização da aplicação, sendo uma excelente opção para projetos que exigem maior desempenho durante o desenvolvimento.

Principais recursos e diferenciais

O React se destaca por diversas características que o tornam uma escolha popular para desenvolvimento frontend:

- **Componentização:** Interfaces são divididas em componentes reutilizáveis, reduzindo a duplicação de código.

- **Virtual DOM:** O React mantém uma representação virtual da interface na memória, comparando-a com o DOM real e atualizando apenas os elementos que sofreram alterações.
- **One-Way Data Binding:** Os dados fluem em uma única direção, tornando o comportamento dos componentes mais previsível.
- **Hooks:** Permitem o uso de estado e outros recursos do React sem a necessidade de classes.
- **JSX:** Uma sintaxe que combina HTML com JavaScript, facilitando a construção da interface.
- **Ecossistema rico:** Suporte para diversas bibliotecas, como React Router para navegação e Redux para gerenciamento de estado.

Casos de uso e quando escolher

O React é ideal para aplicações que exigem interfaces interativas e reativas, como:

- **Dashboards dinâmicos:** Aplicações que atualizam dados em tempo real sem recarregar a página.
- **Sistemas de gestão (ERP, CRM):** Ambientes com muitos componentes reutilizáveis e formulários interativos.
- **Aplicações Single-Page (SPAs):** Sistemas que carregam apenas uma página e atualizam os conteúdos dinamicamente.
- **Plataformas de e-commerce:** Interfaces que precisam de alta interatividade e carregamento eficiente.
- **Aplicações móveis:** Desenvolvimento de aplicativos com **React Native**, aproveitando a mesma base de código do React.

O React se torna menos indicado para aplicações muito simples que não exigem uma estrutura modular complexa ou para projetos que requerem renderização estática sem interatividade.

Demonstração prática com código

A estrutura básica de um componente em React pode ser definida com a seguinte implementação:

jsx

```jsx
import React, { useState } from 'react';

function Contador() {
  const [contador, setContador] = useState(0);

  return (
    <div>
      <h1>Contador: {contador}</h1>
      <button onClick={() => setContador(contador + 1)}
>Incrementar</button>
    </div>
  );
}

export default Contador;
```

Esse código define um componente funcional chamado Contador, que usa o useState para armazenar um valor numérico e o exibe na interface. O botão, ao ser clicado, incrementa o contador e atualiza a exibição automaticamente.

Para utilizá-lo em uma aplicação React, basta importá-lo no arquivo App.js e renderizá-lo dentro do JSX:

jsx

```jsx
import React from 'react';
import Contador from './Contador';
```

```
function App() {
  return (
    <div>
      <h1>Minha Aplicação React</h1>
      <Contador />
    </div>
  );
}

export default App;
```

Tal modelo modular facilita a reutilização de componentes em toda a aplicação.

Erros comuns e como resolvê-los

Durante o desenvolvimento com React, alguns erros são frequentes:

1. **Erro: "Cannot read properties of undefined (reading 'setState')".**

   o   Ocorre quando um estado é acessado sem ser corretamente inicializado ou quando um método não está vinculado ao contexto correto.

   o   Solução: Utilizar **useState** em componentes funcionais ou garantir o **bind** em classes.

2. **Erro: "Each child in a list should have a unique 'key' prop".**

   o   Aparece ao renderizar listas sem definir uma **chave única** para cada item.

   o   Solução: Sempre incluir a propriedade **key** nos elementos iterados:

jsx

```
{itens.map((item) => (
  <li key={item.id}>{item.nome}</li>
))}
```

3.

4. **Erro: "React Hook useState is called conditionally".**

- ○ Ocorre quando um hook é usado dentro de um bloco condicional, o que viola a regra de chamadas ordenadas dos hooks.
- ○ Solução: Garantir que hooks sejam chamados no topo da função do componente.

Boas práticas e otimização

Para garantir código limpo, eficiente e escalável, seguem algumas recomendações:

- **Manter componentes pequenos e especializados.**
- **Utilizar hooks sempre que possível, evitando classes quando não necessário.**
- **Evitar re-renderizações desnecessárias com o uso de memoization (React.memo e useMemo).**
- **Gerenciar estado global apenas quando necessário, utilizando Context API ou bibliotecas como Redux.**
- **Organizar a estrutura do projeto com uma separação clara entre componentes, serviços e estilos.**

Alternativas e frameworks concorrentes

Embora o React seja amplamente utilizado, outras opções oferecem abordagens diferentes para o desenvolvimento frontend:

- **Vue.js:** Mais leve e intuitivo, indicado para projetos que buscam simplicidade e alto desempenho com menos configuração.

- **Angular:** Framework completo com TypeScript, recomendado para aplicações empresariais robustas e que exigem uma arquitetura mais estruturada.
- **Svelte:** Remove a necessidade de uma camada virtual de DOM, proporcionando maior desempenho sem a complexidade dos frameworks tradicionais.
- **Solid.js:** Focado em alta performance e reatividade, semelhante ao React, mas com um modelo de atualização mais eficiente.

A escolha entre essas alternativas depende das necessidades do projeto, da curva de aprendizado desejada e da compatibilidade com outras tecnologias utilizadas na aplicação.

Dominar o React significa adquirir uma das habilidades mais valiosas no desenvolvimento frontend moderno. Com uma base sólida nesse framework, é possível criar interfaces interativas, escaláveis e de alto desempenho, garantindo uma experiência superior para os usuários finais.

CAPÍTULO 2 – VUE.JS

O Vue.js é um framework progressivo para a construção de interfaces de usuário. Criado para ser leve, intuitivo e altamente flexível, ele permite o desenvolvimento de aplicações web dinâmicas com uma curva de aprendizado acessível. Sua arquitetura baseada em componentes facilita a organização do código e melhora a manutenção de projetos, promovendo uma experiência de desenvolvimento eficiente.

Um dos principais diferenciais do Vue.js é sua abordagem reativa, que atualiza automaticamente a interface do usuário sempre que o estado do aplicativo muda. Essa característica reduz a necessidade de manipulação direta do DOM, tornando o código mais limpo e menos suscetível a erros.

Diferente de frameworks mais opinativos, o Vue.js pode ser adotado de forma incremental, começando como uma simples biblioteca para manipulação do DOM e evoluindo para aplicações completas com roteamento e gerenciamento de estado. Sua flexibilidade o torna ideal tanto para pequenos projetos quanto para sistemas complexos de larga escala.

Instalação e configuração básica

O Vue.js pode ser integrado a um projeto de diversas formas, dependendo das necessidades e da complexidade da aplicação. A maneira mais simples é incluir o Vue diretamente em uma página HTML via CDN:

html

```
<!DOCTYPE html>
```

```html
<html lang="pt">
<head>
  <meta charset="UTF-8">
  <meta name="viewport" content="width=device-width,
initial-scale=1.0">
  <script src="https://unpkg.com/vue@3/dist/
vue.global.js"></script>
  <title>Aplicação Vue.js</title>
</head>
<body>
  <div id="app">
    <h1>{{ mensagem }}</h1>
  </div>

  <script>
    const app = Vue.createApp({
      data() {
        return {
          mensagem: 'Olá, Vue.js!'
        };
      }
    }).mount('#app');
  </script>
</body>
</html>
```

Essa abordagem permite experimentar o Vue.js sem necessidade de configuração avançada. Para projetos maiores, o método recomendado é a utilização do Vue CLI, que automatiza a configuração e otimiza a estrutura do projeto.

A instalação do Vue CLI pode ser feita com o seguinte comando:

bash

```
npm install -g @vue/cli
vue create meu-projeto
cd meu-projeto
npm run serve
```

Alternativamente, para um ambiente de desenvolvimento mais rápido e otimizado, o **Vite** pode ser utilizado:
bash

```
npm create vite@latest meu-projeto --template vue
cd meu-projeto
npm install
npm run dev
```

O Vite melhora o tempo de carregamento do projeto ao utilizar um servidor de desenvolvimento mais eficiente.

Principais recursos e diferenciais

O Vue.js se destaca por oferecer uma abordagem equilibrada entre simplicidade e desempenho. Algumas de suas características mais relevantes incluem:

- **Sistema reativo** que atualiza a interface automaticamente quando os dados mudam.
- **Componentização** para reutilização e organização do código.
- **Templates declarativos** que tornam a sintaxe intuitiva e fácil de compreender.
- **Diretivas embutidas** como v-for e v-if que simplificam a manipulação do DOM.
- **Gerenciamento de estado simplificado** com Vuex ou Pinia para aplicações mais complexas.
- **Suporte a TypeScript**, permitindo maior controle sobre

os tipos de dados.

- **Compatibilidade incremental**, possibilitando integração com projetos existentes.

Casos de uso e quando escolher

O Vue.js é indicado para uma ampla gama de aplicações, desde projetos pequenos até aplicações empresariais robustas. Entre os principais casos de uso estão:

- **Sistemas interativos** como painéis administrativos e dashboards.
- **Aplicações Single-Page (SPAs)** onde a atualização dinâmica do conteúdo melhora a experiência do usuário.
- **Plataformas de comércio eletrônico**, garantindo interatividade e fluidez na navegação.
- **Sistemas modulares**, que exigem componentes reutilizáveis e integração simplificada.
- **Projetos que precisam de um framework flexível**, sem a complexidade de configurações pesadas.

Para aplicações que exigem um nível mais alto de estruturação e regras rígidas de desenvolvimento, frameworks como Angular podem ser mais adequados.

Demonstração prática com código

Um componente Vue.js pode ser criado utilizando a API de composição ou a API de opções. A seguir, um exemplo usando a API de opções, que é amplamente utilizada:

html

```html
<div id="app">
  <input v-model="nome" placeholder="Digite seu nome">
  <p>Olá, {{ nome }}!</p>
</div>
```

```
<script>
const app = Vue.createApp({
  data() {
    return {
      nome: "
    };
  }
}).mount('#app');
</script>
```

Esse código cria um campo de entrada interativo que exibe dinamicamente o nome digitado pelo usuário. O **v-model** estabelece uma ligação bidirecional entre o estado e o input, garantindo que qualquer alteração no campo seja refletida automaticamente na interface.

Erros comuns e como resolvê-los

Durante o desenvolvimento com Vue.js, alguns erros são recorrentes:

1. **Erro: "Property or method is not defined on the instance but referenced during render"**

   o   Ocorre quando uma variável não está definida dentro do objeto data().

   o   Solução: Certificar-se de que todas as variáveis usadas no template estão declaradas corretamente.

2. **Erro: "Avoid mutating a prop directly"**

   o   Aparece ao tentar modificar diretamente uma prop passada de um componente pai para um filho.

   o   Solução: Usar um estado interno dentro do componente filho ou emitir um evento para o componente pai atualizar o valor.

3. Erro: "Failed to resolve component"

- ○   Indica que um componente não foi registrado corretamente.
- ○   Solução: Garantir que o componente foi importado e registrado no objeto components.

Boas práticas e otimização

Para obter um código mais eficiente e organizado no Vue.js, algumas práticas devem ser seguidas:

- **Dividir a aplicação em componentes reutilizáveis**, evitando código duplicado.
- **Utilizar computed properties** para cálculos derivados, reduzindo re-renderizações desnecessárias.
- **Evitar manipulação direta do DOM**, preferindo métodos reativos para atualização da interface.
- **Usar Vuex ou Pinia** para gerenciamento de estado global em aplicações maiores.
- **Otimizar carregamento de componentes** com lazy loading e importação dinâmica.
- **Implementar boas práticas de acessibilidade**, garantindo que a interface seja inclusiva para diferentes usuários.

Alternativas e frameworks concorrentes

O Vue.js disputa espaço com outras tecnologias no desenvolvimento frontend. Entre as principais alternativas estão:

- **React:** Popular por sua flexibilidade e pela adoção da Virtual DOM. Indicado para projetos de grande escala que exigem uma ampla variedade de bibliotecas auxiliares.
- **Angular:** Framework completo, ideal para aplicações corporativas que exigem uma estrutura rígida e arquitetura bem definida.

- **Svelte:** Compila código diretamente para JavaScript otimizado, eliminando a necessidade de uma Virtual DOM, o que melhora a performance em determinadas situações.

A escolha entre esses frameworks depende das necessidades específicas do projeto e da familiaridade da equipe com a tecnologia adotada.

Vue.js se mantém como uma das melhores opções para desenvolvimento frontend moderno devido à sua facilidade de aprendizado, flexibilidade e eficiência. Sua abordagem reativa simplifica o gerenciamento do estado da interface, tornando o desenvolvimento mais intuitivo e produtivo. Com uma curva de aprendizado acessível e uma comunidade ativa, Vue.js continua sendo uma escolha sólida para desenvolvedores e empresas que buscam equilíbrio entre simplicidade e poder na construção de interfaces interativas.

CAPÍTULO 3 – ANGULAR

Angular é um **framework frontend** desenvolvido e mantido pelo Google, projetado para a criação de aplicações web escaláveis e robustas. Diferente de bibliotecas como React e Vue.js, Angular é um **framework completo**, oferecendo um conjunto de ferramentas para lidar com rotas, formulários, gerenciamento de estado, requisições HTTP e testes, sem a necessidade de instalar dependências adicionais.

Um dos principais diferenciais do Angular é sua arquitetura baseada no TypeScript, que fornece tipagem estática e recursos avançados para desenvolvimento frontend mais seguro e organizado. Além disso, Angular adota um padrão de injeção de dependências, melhorando a modularidade e a reutilização de código.

O framework segue a abordagem MVC (Model-View-Controller) e favorece a construção de Single-Page Applications (SPAs) altamente dinâmicas e responsivas. Com um ciclo de vida bem definido e uma estrutura modular, Angular é amplamente utilizado em aplicações empresariais que exigem manutenção a longo prazo, segurança e escalabilidade.

Instalação e configuração básica

O Angular pode ser instalado globalmente no sistema utilizando o **Angular CLI (Command Line Interface)**, uma ferramenta oficial que facilita a criação e o gerenciamento de projetos Angular. A instalação pode ser feita pelo npm:
bash

```
npm install -g @angular/cli
```

Após a instalação, um novo projeto pode ser criado com o comando:
bash

```
ng new meu-projeto-angular
cd meu-projeto-angular
ng serve
```

Esse processo configura um ambiente completo com suporte a **TypeScript, Webpack, Babel** e outras ferramentas necessárias para desenvolvimento. O comando ng serve inicia um servidor de desenvolvimento, permitindo visualizar a aplicação em tempo real.

Para quem deseja um ambiente mais controlado, também é possível instalar manualmente as dependências do Angular e configurar o projeto sem a CLI, mas essa abordagem não é recomendada para iniciantes.

Principais recursos e diferenciais

O Angular é um framework altamente estruturado, oferecendo diversas funcionalidades integradas que otimizam o desenvolvimento de aplicações frontend. Entre seus principais recursos estão:

- **Componentes reutilizáveis**: A arquitetura baseada em componentes permite modularizar a aplicação, facilitando a reutilização e a manutenção do código.
- **Two-Way Data Binding**: Atualiza automaticamente a interface do usuário quando o modelo de dados é alterado.
- **Injeção de Dependências**: Permite a criação de serviços desacoplados, promovendo código mais organizado e

testável.

- **Roteamento embutido**: Gerencia a navegação entre diferentes páginas da aplicação sem necessidade de recarregamento.
- **Formulários reativos e template-driven**: Duas abordagens flexíveis para manipulação de formulários e validações.
- **Angular Universal**: Suporte para renderização no servidor (SSR), melhorando SEO e tempo de carregamento da aplicação.
- **Lazy Loading**: Carregamento dinâmico de módulos, reduzindo o tempo de inicialização da aplicação.

Casos de uso e quando escolher

Angular é uma escolha recomendada para aplicações que exigem estrutura robusta, segurança e escalabilidade. Entre os principais cenários onde Angular se destaca estão:

- **Aplicações empresariais**: Sistemas internos corporativos, dashboards e ferramentas de gestão.
- **Plataformas SaaS**: Aplicações que precisam de modularização e manutenção contínua.
- **Aplicações com requisitos rigorosos de segurança**: Com suporte nativo para injeção de dependências e proteção contra ataques XSS.
- **Projetos de longo prazo**: A arquitetura estruturada do Angular é vantajosa para aplicações que precisam evoluir sem comprometer a base de código.

Angular pode ser uma escolha menos adequada para projetos que exigem tempo rápido de desenvolvimento, pois sua curva de aprendizado é mais íngreme quando comparada a frameworks mais simples como Vue.js.

Demonstração prática com código

O primeiro passo para criar um componente no Angular é utilizar a CLI:
bash

```
ng generate component meu-componente
```

Assim gera-se um novo diretório com quatro arquivos essenciais:

- **meu-componente.component.ts**: Contém a lógica do componente.
- **meu-componente.component.html**: Define a estrutura HTML.
- **meu-componente.component.css**: Contém os estilos aplicáveis ao componente.
- **meu-componente.component.spec.ts**: Arquivo de testes automatizados.

A seguir, um exemplo de um **componente simples** que exibe uma mensagem e permite a interação do usuário:
typescript

```
import { Component } from '@angular/core';

@Component({
  selector: 'app-meu-componente',
  template: `
    <div>
      <h2>{{ mensagem }}</h2>
      <button (click)="alterarMensagem()">Alterar
Mensagem</button>
    </div>
  `,
  styles: ['h2 { color: blue; }']
})
```

```
export class MeuComponente {
  mensagem: string = 'Olá, Angular!';

  alterarMensagem() {
    this.mensagem = 'Mensagem alterada!';
  }
}
```

Esse componente pode ser utilizado dentro do template do **AppComponent** da seguinte forma:
html

```
<app-meu-componente></app-meu-componente>
```

Com essa estrutura, sempre que o botão for clicado, a variável mensagem será atualizada e a interface refletirá essa alteração.

Erros comuns e como resolvê-los

Durante o desenvolvimento com Angular, alguns erros podem surgir:

1. **Erro: "Can't bind to 'ngModel' since it isn't a known property of 'input'."**

   o   Causa: O módulo FormsModule não foi importado.
   o   Solução: Adicionar FormsModule no app.module.ts:
typescript

```
import { FormsModule } from '@angular/forms';
```

2. **Erro: "Unexpected token '<'" ao carregar a aplicação.**

   o   Causa: Pode ocorrer quando um arquivo HTML é interpretado como JavaScript.
   o   Solução: Verificar a configuração do angular.json e garantir que os arquivos estão corretamente

organizados.

3. **Erro: "No provider for HttpClient!"**

○   Causa: O módulo HttpClientModule não foi importado corretamente.

○   Solução: Incluir HttpClientModule no app.module.ts.

Boas práticas e otimização

Angular oferece diversas possibilidades para otimizar código e garantir melhor performance:

- **Utilizar Lazy Loading** para carregar módulos sob demanda e melhorar o tempo de carregamento inicial.
- **Evitar chamadas desnecessárias ao servidor**, utilizando cache local com o RxJS BehaviorSubject.
- **Dividir a aplicação em módulos** para manter o código organizado e modularizado.
- **Otimizar a detecção de mudanças**, utilizando OnPush para reduzir re-renderizações desnecessárias.
- **Minimizar o uso de variáveis globais**, optando por serviços compartilhados.
- **Utilizar interceptadores para manipulação de requisições HTTP**, melhorando segurança e performance.

Alternativas e frameworks concorrentes

Angular compete diretamente com outras soluções populares para desenvolvimento frontend:

- **React:** Biblioteca mais flexível, focada na construção de interfaces, mas que exige a instalação de bibliotecas adicionais para funcionalidades como roteamento e gerenciamento de estado.
- **Vue.js:** Framework mais leve e acessível, ideal para projetos menores ou com foco na simplicidade.

- **Svelte:** Alternativa que compila código para JavaScript otimizado, eliminando a necessidade de Virtual DOM.

A escolha entre Angular e outras tecnologias depende da complexidade do projeto, da familiaridade da equipe e dos requisitos de escalabilidade.

Angular é uma solução robusta para o desenvolvimento de aplicações frontend de grande porte. Seu ecossistema completo, suporte a TypeScript e arquitetura modular fazem dele uma escolha ideal para aplicações empresariais que exigem organização, segurança e manutenção a longo prazo. Com práticas eficientes e uma abordagem disciplinada, Angular se mantém como uma das opções mais sólidas para construção de **Single-Page Applications (SPAs)** e aplicações complexas baseadas na web.

CAPÍTULO 4 – SVELTE

Svelte é um **framework reativo** para a construção de interfaces web modernas e performáticas. Diferente de outras abordagens como React e Vue.js, Svelte elimina a necessidade de uma Virtual DOM e compila os componentes diretamente para JavaScript otimizado. Esse modelo permite que as aplicações sejam menores, mais rápidas e menos dependentes de processamento em tempo de execução.

Criado para simplificar o desenvolvimento frontend, Svelte se destaca pela sintaxe intuitiva e pela forma como lida com estados e reatividade. Em vez de depender de bibliotecas auxiliares para gerenciamento de estado, o framework permite a atualização automática de variáveis reativas sem necessidade de hooks ou técnicas complexas. Essa abordagem reduz o código necessário para criar interfaces dinâmicas, tornando o desenvolvimento mais fluido e acessível.

Além da simplicidade, Svelte promove um modelo de componentes encapsulados e fáceis de reutilizar. Sua arquitetura favorece a escrita de código modular e escalável, eliminando o overhead de um runtime pesado. Esse conceito é especialmente útil em aplicações que exigem alta performance, como sistemas embarcados, dashboards dinâmicos e aplicações móveis progressivas.

Instalação e configuração básica

A forma mais recomendada para iniciar um projeto Svelte é utilizando o **Vite**, uma ferramenta leve que otimiza o ambiente de desenvolvimento. Para criar um novo projeto, o comando

abaixo pode ser executado no terminal:
bash

```
npm create vite@latest meu-projeto --template svelte
cd meu-projeto
npm install
npm run dev
```

Esse processo configura um ambiente completo com suporte a Hot Module Replacement (HMR), garantindo que as mudanças feitas no código sejam refletidas instantaneamente no navegador sem necessidade de recarregar a página.

Svelte também pode ser utilizado diretamente em um arquivo HTML sem necessidade de build tools, mas essa abordagem não é recomendada para projetos maiores.

Principais recursos e diferenciais

Svelte oferece uma abordagem diferenciada para o desenvolvimento frontend, combinando alta performance com uma sintaxe acessível. Entre seus principais recursos estão:

- **Compilação para JavaScript puro**, eliminando a necessidade de Virtual DOM.
- **Reatividade automática**, permitindo a atualização do DOM sempre que o estado do componente mudar.
- **Componentização simples**, com uma estrutura que unifica HTML, CSS e JavaScript.
- **Menos código para a mesma funcionalidade**, reduzindo complexidade e tempo de desenvolvimento.
- **Suporte nativo a transições e animações**, facilitando a criação de efeitos visuais.
- **Tamanho reduzido dos bundles**, resultando em carregamento mais rápido das aplicações.

Tais recursos tornam Svelte uma escolha atraente para projetos que exigem alto desempenho sem sacrificar a simplicidade do código.

Casos de uso e quando escolher

Svelte é uma opção recomendada para diversos cenários, especialmente aqueles que buscam alta performance e menor complexidade de desenvolvimento. Algumas situações onde ele se destaca incluem:

- **Aplicações com foco em desempenho**: Seu modelo de compilação gera código altamente otimizado, reduzindo o consumo de recursos no cliente.
- **Projetos de interface leve**: A simplicidade da sintaxe e a ausência de dependências tornam Svelte ideal para aplicações de pequeno e médio porte.
- **Desenvolvimento rápido**: A curva de aprendizado reduzida permite que novos desenvolvedores adotem o framework rapidamente.
- **Aplicações que exigem transições e animações**: O suporte nativo a efeitos visuais facilita a criação de interfaces interativas.

Para aplicações corporativas de larga escala que exigem um ecossistema consolidado, frameworks como Angular ou React podem ser mais adequados devido ao suporte de bibliotecas e ferramentas empresariais.

Demonstração prática com código

Criar um componente no Svelte é um processo direto. A estrutura básica de um componente inclui HTML, CSS e JavaScript no mesmo arquivo. Um exemplo simples de contador pode ser construído da seguinte forma:
svelte

```
<script>
  let contador = 0;

  function incrementar() {
    contador += 1;
  }
</script>

<style>
  button {
    background-color: #007bff;
    color: white;
    border: none;
    padding: 10px;
    cursor: pointer;
  }
</style>

<h1>Contador: {contador}</h1>
<button on:click={incrementar}>Incrementar</button>
```

O código acima define uma variável reativa chamada contador, que é atualizada automaticamente sempre que o botão é pressionado. O evento on:click chama a função incrementar, alterando o valor exibido na interface sem necessidade de manipular diretamente o DOM.

O componente pode ser reutilizado dentro da aplicação da seguinte forma:

svelte

```
<script>
  import Contador from './Contador.svelte';
</script>
```

`<Contador />`

Dessa maneira, é possível criar aplicações modulares com componentes reutilizáveis de maneira intuitiva e eficiente.

Erros comuns e como resolvê-los

Embora Svelte simplifique muitos aspectos do desenvolvimento frontend, alguns erros podem surgir durante a implementação:

1. **Erro: "Unexpected token '<'" ao tentar rodar a aplicação**

   o   Causa: O arquivo Svelte não foi compilado corretamente.

   o   Solução: Garantir que o ambiente está configurado corretamente com npm install e npm run dev.

2. **Erro: "Cannot read property 'value' of undefined"**

   o   Causa: Tentativa de acessar uma variável não inicializada corretamente.

   o   Solução: Verificar se a variável foi declarada no script do componente antes de ser utilizada no template.

3. **Erro: "Function called outside component initialization"**

   o   Causa: Tentativa de chamar uma função reativa fora do escopo do componente.

   o   Solução: Garantir que os valores reativos estão sendo manipulados dentro do escopo correto do componente.

Boas práticas e otimização

Para garantir código limpo e eficiente, algumas práticas devem ser seguidas ao utilizar Svelte:

- **Manter os componentes pequenos e especializados**, favorecendo a reutilização.
- **Evitar uso excessivo de estados globais**, utilizando stores apenas quando necessário.
- **Utilizar reatividade apenas quando necessário**, evitando atualizações desnecessárias do DOM.
- **Aproveitar o suporte nativo a transições e animações**, reduzindo dependências externas.
- **Minimizar o uso de variáveis no escopo global**, garantindo modularidade e escalabilidade.

A modularização adequada e a utilização de boas práticas ajudam a maximizar a eficiência do código, tornando a aplicação mais manutenível e performática.

Alternativas e frameworks concorrentes

Svelte compete com outros frameworks frontend populares, cada um com suas próprias características e casos de uso ideais:

- **React:** Maior flexibilidade e ecossistema consolidado, recomendado para aplicações de grande porte e que exigem gerenciamento avançado de estado.
- **Vue.js:** Alternativa equilibrada, com curva de aprendizado suave e forte comunidade. Indicado para aplicações que exigem um meio-termo entre simplicidade e estrutura.
- **Angular:** Melhor opção para sistemas empresariais complexos que precisam de injeção de dependências e suporte a grandes equipes de desenvolvimento.

A escolha entre esses frameworks depende das necessidades do projeto, do tamanho da equipe e da expectativa de longo prazo.

Svelte se apresenta como uma das opções mais inovadoras

para desenvolvimento frontend, combinando simplicidade, desempenho e reatividade nativa. Sua abordagem eliminando a Virtual DOM e otimizando o código em tempo de compilação reduz a necessidade de manipulações pesadas no navegador, tornando-o uma excelente escolha para aplicações rápidas e eficientes. O crescimento do ecossistema e a adoção crescente do framework indicam que Svelte continuará sendo uma opção viável para desenvolvedores que buscam produtividade e performance no desenvolvimento web.

CAPÍTULO 5 – NEXT.JS

Next.js é um **framework frontend** baseado em React que facilita a construção de aplicações web escaláveis e otimizadas. Desenvolvido pela Vercel, ele oferece recursos avançados para renderização no servidor (**SSR – Server-Side Rendering**), geração de páginas estáticas (**SSG – Static Site Generation**) e renderização híbrida, permitindo que cada página da aplicação tenha sua própria estratégia de carregamento.

Diferente de uma aplicação React tradicional, que renderiza os componentes diretamente no navegador, Next.js introduz um modelo que melhora a performance, a experiência do usuário e o SEO (Search Engine Optimization). Ao adotar técnicas como pré-renderização e carregamento otimizado de páginas, esse framework se tornou uma escolha popular para sites dinâmicos, blogs, e-commerces e plataformas SaaS.

A arquitetura do Next.js também simplifica a configuração de roteamento, otimização de imagens, suporte a APIs e integração com CDN, eliminando a necessidade de configurações manuais. Isso torna o desenvolvimento mais produtivo e reduz a carga de trabalho dos desenvolvedores na implementação de soluções para cache, otimização e infraestrutura.

Instalação e configuração básica

O Next.js pode ser instalado rapidamente com o gerenciador de pacotes npm ou yarn. Para iniciar um novo projeto, o comando abaixo cria uma estrutura pronta para desenvolvimento:
bash

```
npx create-next-app@latest meu-projeto
cd meu-projeto
npm run dev
```

O servidor de desenvolvimento inicia a aplicação localmente, permitindo visualizar as mudanças em tempo real.

A estrutura do projeto gerada inclui diretórios essenciais como:

- **pages/** – Contém as páginas da aplicação, onde cada arquivo representa uma rota automaticamente.
- **public/** – Armazena recursos estáticos como imagens e ícones.
- **styles/** – Inclui os arquivos de estilo globais e módulos CSS.
- **api/** – Diretório dentro de pages/ que permite criar APIs diretamente na aplicação.

Por padrão, Next.js utiliza **ESLint** e suporta **TypeScript** sem necessidade de configuração extra, tornando o desenvolvimento mais robusto e seguro.

Principais recursos e diferenciais

Next.js se destaca por sua abordagem eficiente e por integrar funcionalidades nativas que reduzem a complexidade do desenvolvimento frontend. Algumas das principais características incluem:

- **Roteamento baseado em arquivos**: Cada arquivo dentro da pasta pages/ se torna automaticamente uma rota, sem necessidade de configuração manual.
- **Renderização híbrida**: Suporte tanto para SSR (Server-Side Rendering) quanto para SSG (Static Site Generation), permitindo otimizar cada página conforme a necessidade.

- **Otimização de imagens**: Componente next/image que melhora o carregamento de imagens de forma automática.
- **APIs embutidas**: Capacidade de criar rotas API dentro do diretório pages/api/, eliminando a necessidade de backend separado.
- **Suporte a internacionalização (i18n)**: Facilita a criação de aplicações multilíngues com configuração simples.
- **Carregamento incremental de páginas**: Com ISR (Incremental Static Regeneration), permite atualizar páginas estáticas sem precisar rebuildar toda a aplicação.
- **Suporte nativo a CSS e Tailwind CSS**: Facilita a estilização dos componentes sem necessidade de ferramentas externas.

Casos de uso e quando escolher

Next.js é amplamente adotado em projetos que precisam de alta performance, escalabilidade e otimização para motores de busca. Algumas aplicações ideais incluem:

- **Blogs e sites institucionais**: Uso do SSG para carregar páginas rapidamente e melhorar SEO.
- **E-commerces**: Renderização híbrida para combinar páginas estáticas e dinâmicas, garantindo melhor experiência do usuário.
- **Plataformas SaaS**: Capacidade de criar interfaces dinâmicas sem comprometer o desempenho.
- **Aplicações empresariais**: Integração com APIs e suporte a autenticação simplificada.

Para aplicações extremamente dinâmicas onde todas as páginas são renderizadas em tempo real, soluções como React puro com um backend separado podem ser mais apropriadas.

Demonstração prática com código

O primeiro passo para criar uma página em Next.js é definir um novo arquivo dentro do diretório pages/. Abaixo, um exemplo de página inicial que exibe uma mensagem simples:
jsx

```jsx
export default function Home() {
  return (
    <div>
      <h1>Bem-vindo ao Next.js!</h1>
      <p>Este é um framework poderoso para React.</p>
    </div>
  );
}
```

O roteamento é automático, ou seja, essa página será acessível diretamente pelo navegador na rota /.

Para adicionar navegação entre páginas, Next.js oferece o componente next/link, que permite transições rápidas entre rotas sem recarregar a página:
jsx

```jsx
import Link from 'next/link';

export default function Home() {
  return (
    <div>
      <h1>Página Inicial</h1>
      <Link href="/sobre">
        <a>Ir para a página Sobre</a>
      </Link>
    </div>
  );
```

```
}
```

A página **pages/sobre.js** pode ser criada da seguinte maneira:
jsx

```
export default function Sobre() {
  return <h1>Sobre o Next.js</h1>;
}
```

Dessa forma, ao clicar no link, o usuário será redirecionado para a página correspondente sem necessidade de recarregar toda a aplicação.

Erros comuns e como resolvê-los

1. **Erro: "Module not found: Can't resolve 'next/image'"**

   - Causa: O pacote next/image não está instalado corretamente.
   - Solução: Executar npm install next para garantir que todas as dependências estão atualizadas.

2. **Erro: "Unhandled Runtime Error: 'document' is not defined"**

   - Causa: Tentativa de acessar document em ambiente de servidor.
   - Solução: Utilizar useEffect para manipular elementos do DOM somente no cliente.

3. **Erro: "API resolved without sending a response"**

   - Causa: Falta de retorno explícito em uma rota API.
   - Solução: Garantir que a função dentro de pages/api/ sempre retorne uma resposta com res.json().

Boas práticas e otimização

Para garantir o melhor desempenho e escalabilidade em aplicações Next.js, algumas práticas devem ser adotadas:

- **Utilizar SSG sempre que possível** para páginas que não precisam ser renderizadas dinamicamente.
- **Aproveitar o ISR** para regeneração de páginas estáticas sem necessidade de rebuild completo.
- **Evitar carregamento de bibliotecas pesadas** no lado do cliente, mantendo o JavaScript enxuto.
- **Utilizar** next/image para otimizar carregamento de imagens e reduzir impacto no desempenho.
- **Gerenciar estado global com Context API ou SWR** para evitar re-renderizações desnecessárias.
- **Utilizar lazy loading** para carregar componentes sob demanda, reduzindo tempo de carregamento inicial.

Alternativas e frameworks concorrentes

Next.js compete com outras soluções que também buscam otimizar a experiência do desenvolvimento frontend:

- **Gatsby**: Focado na geração estática de sites, sendo ideal para blogs e páginas institucionais.
- **Remix**: Oferece um modelo híbrido de renderização similar ao Next.js, mas com abordagem diferente para carregamento de dados.
- **Nuxt.js**: Alternativa para Vue.js, oferecendo funcionalidades semelhantes ao Next.js para aplicações Vue.

A escolha entre esses frameworks depende das necessidades específicas do projeto, do suporte a bibliotecas desejadas e do modelo de renderização adotado.

Next.js é uma solução poderosa para aplicações React

que exigem otimização de performance e flexibilidade na renderização de páginas. Seu suporte a renderização híbrida, otimização automática e facilidade de integração com APIs tornam esse framework uma escolha estratégica para desenvolvimento web moderno. Aplicando boas práticas e explorando seus recursos nativos, é possível construir aplicações escaláveis, eficientes e preparadas para as exigências do mercado digital.

CAPÍTULO 6 – NUXT.JS

Nuxt.js é um **framework baseado em Vue.js**, desenvolvido para facilitar a criação de aplicações web modernas, escaláveis e otimizadas. Ele oferece uma abordagem flexível para renderização de páginas, permitindo que os desenvolvedores escolham entre **SSR (Server-Side Rendering), SSG (Static Site Generation) e renderização híbrida**. Esse diferencial torna Nuxt.js ideal para aplicações que exigem alta performance, SEO aprimorado e carregamento otimizado.

Diferente de um projeto Vue.js tradicional, que executa todo o processamento no lado do cliente, Nuxt.js permite pré-renderizar as páginas no servidor antes de enviá-las ao navegador. Isso reduz significativamente o tempo de carregamento inicial e melhora a indexação por motores de busca, tornando-o uma solução eficiente para blogs, e-commerces e plataformas dinâmicas.

Além de seu modelo de renderização avançado, Nuxt.js traz uma arquitetura estruturada que melhora a organização do código e reduz a necessidade de configurações manuais. Com suporte nativo a roteamento automático, carregamento incremental de páginas e integração com APIs, o framework elimina a complexidade de configuração, permitindo que os desenvolvedores foquem na construção da aplicação.

Instalação e configuração básica

Nuxt.js pode ser instalado rapidamente utilizando o **create-nuxt-app**, que gera uma estrutura otimizada para desenvolvimento:

bash

```
npx nuxi init meu-projeto
cd meu-projeto
npm install
npm run dev
```

Esse comando cria um ambiente pronto para desenvolvimento, incluindo suporte a TypeScript, ESLint, Tailwind CSS e PWA, dependendo das escolhas feitas durante a configuração inicial.

A estrutura do projeto inclui diretórios essenciais:

- **pages/** – Define automaticamente as rotas da aplicação.
- **components/** – Armazena os componentes reutilizáveis.
- **layouts/** – Define layouts globais para as páginas.
- **static/** – Contém arquivos estáticos como imagens e fontes.
- **plugins/** – Armazena extensões de bibliotecas de terceiros.

O roteamento automático elimina a necessidade de configurar manualmente as rotas, simplificando a navegação entre páginas.

Principais recursos e diferenciais

Nuxt.js oferece um conjunto de funcionalidades avançadas que otimizam o desenvolvimento e a experiência do usuário:

- **Renderização híbrida**: Suporte a SSR, SSG e geração incremental de páginas, permitindo otimizar cada parte da aplicação conforme a necessidade.
- **Roteamento automático**: Cada arquivo dentro do diretório pages/ se torna automaticamente uma rota acessível, sem necessidade de configuração manual.
- **SEO aprimorado**: Renderização prévia das páginas

no servidor melhora a indexação e o tempo de carregamento.

- **Gerenciamento de estado**: Integração nativa com Pinia para controle global do estado da aplicação.
- **Otimização de imagens**: Suporte nativo a carregamento otimizado, reduzindo o consumo de banda.
- **Middleware**: Possibilidade de definir regras de autenticação e controle de acesso para páginas e rotas.
- **Suporte a internacionalização (i18n)**: Configuração simplificada para aplicações multilíngues.

Essas funcionalidades tornam Nuxt.js uma solução completa para o desenvolvimento frontend, eliminando a necessidade de dependências externas para otimizações avançadas.

Casos de uso e quando escolher

Nuxt.js é ideal para aplicações que exigem desempenho otimizado e boa indexação nos motores de busca. Alguns dos principais cenários incluem:

- **Blogs e sites institucionais**: Beneficiam-se do SSG para carregamento rápido e SEO aprimorado.
- **E-commerces**: Renderização híbrida permite otimizar páginas estáticas e dinâmicas de produtos.
- **Dashboards e plataformas SaaS**: A organização modular do Nuxt.js facilita a criação de aplicações complexas e escaláveis.
- **Sistemas que exigem autenticação**: Middleware integrado permite proteger rotas e gerenciar acessos com facilidade.

Para aplicações extremamente dinâmicas, onde todas as páginas são renderizadas em tempo real sem necessidade de SEO, o Vue.js tradicional pode ser uma alternativa mais leve.

Demonstração prática com código

A criação de uma página em Nuxt.js é simples. Basta adicionar um arquivo dentro do diretório pages/. Um exemplo básico de uma página inicial pode ser estruturado da seguinte forma:
vue

```
<template>
  <div>
    <h1>Bem-vindo ao Nuxt.js!</h1>
    <p>Este é um framework poderoso para Vue.js.</p>
  </div>
</template>
```

Esse arquivo será automaticamente acessível na rota /.

Para criar um link entre páginas, o componente NuxtLink é utilizado:
vue

```
<template>
  <div>
    <h1>Página Inicial</h1>
    <NuxtLink to="/sobre">Ir para a página Sobre</NuxtLink>
  </div>
</template>
```

A página **pages/sobre.vue** pode ser adicionada da seguinte forma:
vue

```
<template>
  <div>
    <h1>Sobre o Nuxt.js</h1>
```

```
    <p>Framework para Vue.js com renderização otimizada.</
p>
  </div>
</template>
```

Com essa estrutura, o framework gerencia automaticamente o roteamento, garantindo transições suaves entre as páginas.

Erros comuns e como resolvê-los

1. **Erro: "Cannot find module '@nuxt/types'"**

   o   Causa: Falta de instalação das dependências essenciais.

   o   Solução: Executar npm install para garantir que todos os pacotes necessários estão disponíveis.

2. **Erro: "NuxtServerError: Request failed with status code 500"**

   o   Causa: Problema no código do middleware ou falha em requisições assíncronas.

   o   Solução: Verificar os logs do servidor e garantir que todas as chamadas de API estão retornando respostas válidas.

3. **Erro: "Invalid prop type: Expected String, got Number"**

   o   Causa: Tipo de dado incorreto passado para um componente.

   o   Solução: Garantir que os tipos de dados estão corretamente definidos e validados no componente Vue.

Boas práticas e otimização

Para obter melhor performance e organização ao utilizar

Nuxt.js, algumas práticas recomendadas incluem:

- **Utilizar** nuxt generate para pré-renderizar páginas estáticas quando possível, reduzindo a carga no servidor.
- **Aproveitar lazy loading** para carregar componentes dinamicamente, evitando carregar código desnecessário.
- **Implementar cache de dados** com useAsyncData para evitar requisições repetitivas a APIs.
- **Manter a estrutura modular** separando componentes, páginas e layouts, garantindo escalabilidade.
- **Utilizar middleware para controle de autenticação**, evitando carregamento desnecessário de páginas protegidas.

Essas práticas ajudam a maximizar o desempenho e a manutenibilidade da aplicação.

Alternativas e frameworks concorrentes

Nuxt.js compete com outras soluções de renderização otimizada para aplicações frontend, como:

- **Next.js**: Framework baseado em React com abordagem semelhante para SSR e SSG, ideal para projetos React otimizados.
- **Gatsby**: Alternativa para geração de sites estáticos, mais focada em conteúdo estático e SEO avançado.
- **VuePress**: Solução voltada para documentação e blogs técnicos, baseada em Vue.js.

A escolha entre essas opções depende da stack utilizada e do nível de controle necessário sobre a renderização da aplicação.

Nuxt.js é uma solução eficiente para o desenvolvimento de aplicações Vue.js otimizadas, combinando flexibilidade, performance e facilidade de uso. Com suporte a renderização híbrida, roteamento automático e integração nativa com ferramentas de SEO, o framework se destaca como uma opção estratégica para desenvolvedores que buscam equilíbrio entre produtividade e desempenho. Aplicando boas práticas e explorando seus recursos nativos, é possível criar aplicações rápidas, escaláveis e preparadas para as exigências do mercado digital.

CAPÍTULO 7 – SOLID.JS

O **Solid.js** é um framework reativo para desenvolvimento de interfaces web que se destaca por sua abordagem inovadora, eliminando a necessidade de um Virtual DOM e oferecendo uma reatividade extremamente eficiente. Seu modelo de execução é baseado em **sinais (**signals**) e efeitos (**effects**)**, permitindo que as atualizações no estado sejam refletidas imediatamente no DOM, sem re-renderizações desnecessárias.

Com suporte a JSX e uma sintaxe intuitiva, o Solid.js se torna uma escolha poderosa para desenvolvedores que já possuem familiaridade com React, mas buscam melhor performance e menor consumo de recursos. Ele é especialmente útil para aplicações que exigem reatividade intensa, como dashboards interativos e Single Page Applications (SPAs).

Instalação e configuração básica

A instalação do Solid.js pode ser feita rapidamente utilizando o npx degit para criar um novo projeto com Vite:

sh

```
npx degit solidjs/templates my-solid-app
cd my-solid-app
npm install
npm run dev
```

Para adicionar o Solid.js a um projeto existente, basta rodar:

sh

```
npm install solid-js
```

O Solid.js funciona melhor com o Vite, garantindo builds rápidos e otimizações automáticas.

Principais recursos e diferenciais

- **Reatividade sem Virtual DOM**, eliminando o overhead de reconciliamento de elementos.
- **Sinais (**createSignal**) e efeitos (**createEffect**)** permitem controle preciso das atualizações no DOM.
- **Renderização eficiente**, sem necessidade de diffing ou cálculos complexos.
- **Componentização modular**, facilitando a organização do código e reutilização de elementos.
- **Suporte nativo a SSR (Server-Side Rendering)** e SSG (Static Site Generation), otimizando SEO e carregamento inicial.

Casos de uso e quando escolher

O Solid.js é ideal para projetos que exigem alta reatividade e performance, como:

- **Painéis administrativos e dashboards**, onde múltiplos estados precisam ser atualizados em tempo real.
- **Single Page Applications (SPAs)**, garantindo fluidez na interação com o usuário.
- **Aplicações onde o desempenho é crítico**, eliminando renderizações desnecessárias.
- **Componentes reutilizáveis** dentro de ecossistemas frontend de alto desempenho.

Se a prioridade é **reatividade extrema e menor consumo de memória**, o Solid.js se destaca como uma solução altamente otimizada.

Demonstração prática com código

Abaixo, um **contador reativo** utilizando createSignal:

jsx

```jsx
import { createSignal } from "solid-js";

function Contador() {
  const [count, setCount] = createSignal(0);

  return (
    <div>
      <p>Valor atual: {count()}</p>
      <button onClick={() => setCount(count() + 1)}>Incrementar</button>
      <button onClick={() => setCount(count() - 1)}>Decrementar</button>
    </div>
  );
}

export default Contador;
```

Aqui, o **estado é armazenado como um sinal (createSignal)**, garantindo reatividade instantânea sem necessidade de reconciliamento de Virtual DOM.

Erros comuns e como resolvê-los

Durante o desenvolvimento com Solid.js, alguns erros são frequentes:

Erro: "Function count is not a function"

Esse erro ocorre ao tentar acessar um sinal (createSignal) como um valor direto em vez de chamá-lo como uma função.

Solução: Sempre chamar sinais como funções ao acessá-los:

Errado:

jsx

```jsx
<p>{count}</p>
```

Correto:

jsx

```jsx
<p>{count()}</p>
```

Erro: "Cannot assign to read-only property 'count'"

Aparece quando tentamos modificar um sinal diretamente, sem utilizar setCount.

Solução: Alterar estados utilizando a função de atualização do sinal:

Errado:

jsx

```jsx
count = count() + 1;
```

Correto:

jsx

```jsx
setCount(count() + 1);
```

Erro: "SolidJS Hooks must be called at the top level"

Esse erro ocorre ao chamar createSignal ou createEffect dentro de loops, condicionais ou funções aninhadas.

Solução: Garantir que os hooks sejam chamados no topo da função do componente.

Errado:

jsx

```
if (condicao) {
  const [count, setCount] = createSignal(0);
}
```

Correto:

jsx

```
const [count, setCount] = createSignal(0);
if (condicao) {
  console.log(count());
}
```

Boas práticas e otimização

- **Utilizar** createSignal **para estados mutáveis**, garantindo rastreamento eficiente de mudanças.
- **Evitar chamadas desnecessárias a** setCount, para evitar re-renderizações excessivas.
- **Utilizar** createMemo() **para cálculos derivados**, reduzindo processamento redundante.
- **Manter a lógica de estado separada dos componentes visuais**, garantindo modularidade.

- **Usar** onCleanup() **dentro de efeitos** (createEffect), evitando vazamentos de memória.

Alternativas e frameworks concorrentes

O Solid.js se posiciona como um concorrente de alto desempenho em relação a frameworks populares:

- **React.js**: O Solid.js oferece **reatividade superior** e um modelo de atualização mais eficiente, sem necessidade de Virtual DOM.
- **Vue.js**: Embora Vue tenha um sistema de reatividade robusto, o Solid.js elimina a necessidade de proxies e rastreamento manual.
- **Svelte**: Ambos compilam código otimizado, mas o Solid.js mantém compatibilidade total com JSX e melhor controle sobre reatividade.

Cada tecnologia tem seus benefícios, mas o Solid.js se destaca em aplicações que exigem máxima eficiência e renderização otimizada.

O Solid.js representa uma abordagem inovadora para desenvolvimento frontend, garantindo interfaces reativas mais rápidas, menos consumo de memória e uma experiência de usuário superior. Com sua reatividade baseada em sinais e renderização altamente eficiente, ele se torna uma excelente escolha para desenvolvedores que priorizam desempenho e fluidez no desenvolvimento web.

MÓDULO 2: FRAMEWORKS PARA BACKEND – SERVIDORES E APLICAÇÕES WEB

O backend é a espinha dorsal de qualquer aplicação web moderna, sendo responsável pelo processamento de dados, segurança, autenticação, comunicação com bancos de dados e a disponibilização de APIs para o frontend. Neste módulo, exploramos os principais **frameworks para backend**, suas características e aplicações, ajudando na escolha da melhor ferramenta para diferentes cenários de desenvolvimento.

Ao longo dos capítulos, serão abordados frameworks desenvolvidos em diferentes linguagens, como **Node.js, Python, Java, Ruby, Go e PHP**, proporcionando uma visão ampla das opções disponíveis. Cada framework traz uma abordagem única para a construção de servidores e aplicações, desde soluções minimalistas até frameworks completos que oferecem estrutura para grandes sistemas corporativos.

Entre os temas abordados neste módulo, destacam-se:

- A diferença entre **frameworks minimalistas e completos**, e quando cada um deles deve ser utilizado.
- Como escolher o **melhor framework para um projeto**, levando em conta escalabilidade, desempenho, segurança e manutenção.
- O impacto da **linguagem de programação na escolha do framework**, considerando a compatibilidade com outras ferramentas e serviços.
- Estratégias para **otimização e boas práticas no backend**,

garantindo código eficiente, seguro e fácil de manter.

Frameworks populares como Express.js, Django, Spring Boot e Laravel serão explorados detalhadamente, juntamente com alternativas emergentes como Fastify, Micronaut e Fiber, que oferecem alto desempenho e menor consumo de recursos.

Ao final deste módulo, será possível compreender as vantagens e desafios de cada framework, permitindo tomar decisões estratégicas ao desenvolver servidores e aplicações web robustas e escaláveis.

CAPÍTULO 8 – EXPRESS.JS (NODE.JS)

Express.js é um **framework minimalista** para a criação de servidores e aplicações web utilizando **Node.js**. Ele fornece uma camada leve sobre o núcleo do Node.js, simplificando o desenvolvimento de APIs e aplicações escaláveis. Ao contrário de frameworks mais estruturados, Express.js mantém uma abordagem flexível, permitindo que os desenvolvedores escolham suas próprias estratégias para organização do código, manipulação de requisições e gerenciamento de middlewares.

A principal vantagem do Express.js é sua simplicidade. Ele oferece um roteador eficiente, suporte a middlewares e integração fácil com bancos de dados e outras bibliotecas. Essa leveza e modularidade fazem do Express.js a escolha predominante para o desenvolvimento de APIs REST, microsserviços e aplicações em tempo real.

Além de ser amplamente adotado em aplicações backend, o Express.js é a base para diversos frameworks mais avançados, como NestJS, Fastify e Sails.js, o que reforça sua importância dentro do ecossistema Node.js.

Instalação e configuração básica

A instalação do Express.js requer **Node.js** e um gerenciador de pacotes como **npm** ou **yarn**. Para iniciar um novo projeto, o primeiro passo é criar uma pasta e inicializar o projeto:
bash

```
mkdir meu-projeto
cd meu-projeto
npm init -y
```

Em seguida, o Express.js pode ser instalado com o seguinte comando:
bash

```
npm install express
```

Uma vez instalado, a criação de um servidor básico pode ser feita rapidamente. O código abaixo inicia um servidor Express.js que responde com "Olá, mundo!" na rota principal:
javascript

```javascript
const express = require('express');
const app = express();
const port = 3000;

app.get('/', (req, res) => {
  res.send('Olá, mundo!');
});

app.listen(port, () => {
  console.log(`Servidor rodando em http://localhost:${port}`);
});
```

Ao executar o código com node index.js, o servidor ficará disponível na porta **3000**, pronto para processar requisições.

Principais recursos e diferenciais

Express.js se destaca por sua **simplicidade e flexibilidade**, permitindo que os desenvolvedores configurem o backend da maneira que preferirem. Alguns dos recursos mais importantes incluem:

- **Roteamento flexível**: Permite a criação de rotas HTTP dinâmicas e modularizadas.
- **Middleware**: Facilita o processamento de requisições antes que cheguem às rotas.
- **Suporte nativo a JSON**: Manipulação eficiente de dados enviados por APIs REST.
- **Integração com bancos de dados**: Compatível com MongoDB, PostgreSQL, MySQL e outras tecnologias.
- **Execução assíncrona**: Aproveita o modelo **event-driven** do Node.js para maior escalabilidade.
- **Suporte a WebSockets**: Permite desenvolvimento de aplicações em tempo real com Socket.io.

O Express.js é altamente extensível e permite que os desenvolvedores escolham bibliotecas para autenticação, cache, segurança e manipulação de arquivos sem impor uma estrutura fixa.

Casos de uso e quando escolher

O Express.js é uma excelente escolha para projetos que precisam de um backend rápido, flexível e escalável. Entre os principais casos de uso estão:

- **APIs RESTful**: Desenvolvimento de APIs eficientes e otimizadas para integração com sistemas frontend e mobile.
- **Microsserviços**: Arquitetura distribuída que permite escalabilidade modular.
- **Aplicações em tempo real**: Sistemas de chat, notificações e streaming de dados.
- **Gateways de API**: Intermediação entre serviços e padronização da comunicação entre aplicações.
- **Backends para aplicações web**: Integração com bancos

de dados, autenticação e lógica de negócios.

Para aplicações que exigem um modelo de código altamente estruturado, **NestJS** pode ser uma alternativa mais adequada, já que adiciona padrões arquiteturais sobre o Express.js.

Demonstração prática com código

O Express.js permite criar APIs REST de maneira eficiente. A seguir, um exemplo de API para gerenciar uma lista de tarefas (To-Do List) com suporte a operações CRUD (Create, Read, Update, Delete):

javascript

```javascript
const express = require('express');
const app = express();
const port = 3000;

app.use(express.json());

let tarefas = [
  { id: 1, titulo: 'Estudar Express.js', concluida: false },
  { id: 2, titulo: 'Criar API REST', concluida: false }
];

// Listar todas as tarefas
app.get('/tarefas', (req, res) => {
  res.json(tarefas);
});

// Criar uma nova tarefa
app.post('/tarefas', (req, res) => {
  const novaTarefa = {
    id: tarefas.length + 1,
    titulo: req.body.titulo,
```

```
    concluida: false
  };
  tarefas.push(novaTarefa);
  res.status(201).json(novaTarefa);
});

// Atualizar uma tarefa
app.put('/tarefas/:id', (req, res) => {
  const tarefa = tarefas.find(t => t.id ===
parseInt(req.params.id));
  if (!tarefa) return res.status(404).json({ mensagem: 'Tarefa
não encontrada' });

  tarefa.titulo = req.body.titulo || tarefa.titulo;
  tarefa.concluida = req.body.concluida !== undefined ?
req.body.concluida : tarefa.concluida;

  res.json(tarefa);
});

// Excluir uma tarefa
app.delete('/tarefas/:id', (req, res) => {
  tarefas = tarefas.filter(t => t.id !== parseInt(req.params.id));
  res.status(204).send();
});

app.listen(port, () => {
  console.log(`Servidor rodando em http://localhost:${port}
`);
});
```

Essa API fornece endpoints para listar, adicionar, atualizar e remover tarefas, demonstrando a flexibilidade e simplicidade do Express.js para construção de serviços backend.

Erros comuns e como resolvê-los

1. Erro: "Cannot GET /rota"

- Causa: Rota não definida corretamente.
- Solução: Verificar se o caminho da rota foi declarado corretamente no código.

2. Erro: "req.body é undefined"

- Causa: Falta de middleware para interpretar JSON no Express.js.
- Solução: Adicionar app.use(express.json()); antes das definições de rotas.

3. Erro: "Address already in use"

- Causa: A porta do servidor já está sendo usada.
- Solução: Alterar a porta no código ou encerrar o processo que está ocupando a porta.

Boas práticas e otimização

Para garantir que uma aplicação Express.js seja escalável e segura, algumas boas práticas devem ser seguidas:

- **Utilizar middlewares para validação de entrada**, evitando dados inválidos ou maliciosos.
- **Implementar autenticação e autorização**, utilizando JWT ou OAuth.
- **Gerenciar erros globalmente**, garantindo respostas padronizadas para falhas inesperadas.
- **Utilizar um framework de logs**, como Morgan ou Winston, para monitoramento da aplicação.
- **Configurar cache para otimizar requisições frequentes**, utilizando Redis ou similares.

Alternativas e frameworks concorrentes

Embora Express.js seja uma das opções mais populares para desenvolvimento backend com Node.js, outras alternativas podem ser consideradas:

- **Fastify**: Framework mais rápido e otimizado para alto desempenho, com menor consumo de recursos.
- **NestJS**: Adiciona uma estrutura mais rígida e modular sobre Express.js, utilizando padrões arquiteturais robustos.
- **Koa**: Criado pelos mesmos desenvolvedores do Express.js, oferece maior flexibilidade com menos dependências internas.

Express.js continua sendo a escolha padrão para desenvolvimento backend com Node.js, combinando simplicidade, flexibilidade e uma comunidade ativa. Sua adoção generalizada e vasta compatibilidade com bibliotecas fazem dele um dos frameworks mais versáteis para criar servidores e APIs escaláveis. Com a aplicação de boas práticas e otimização adequada, é possível desenvolver sistemas robustos e altamente performáticos.

CAPÍTULO 9 – NESTJS (NODE.JS)

NestJS é um **framework backend** para Node.js que combina **arquitetura modular, TypeScript e padrões inspirados no Angular**. Ele foi projetado para oferecer uma estrutura robusta para desenvolvimento de APIs escaláveis, microsserviços e aplicações corporativas, facilitando a manutenção e a organização do código.

Diferente de frameworks minimalistas como Express.js e Fastify, NestJS adota uma abordagem opinionada, promovendo um código mais estruturado e modular. Seu sistema de injeção de dependências e suporte nativo a TypeScript ajudam a criar aplicações mais seguras, organizadas e fáceis de testar.

Com uma arquitetura baseada no modelo MVC (Model-View-Controller) e inspiração no Angular, o NestJS simplifica a criação de controladores, serviços e módulos reutilizáveis, promovendo separação de responsabilidades e escalabilidade. Sua compatibilidade com bibliotecas do Express.js e do Fastify o torna flexível, permitindo ajustes para alto desempenho ou melhor controle sobre as requisições.

Instalação e configuração básica

Para iniciar um projeto NestJS, o primeiro passo é instalar o **CLI (Command Line Interface)**, que facilita a criação e gerenciamento de projetos:
bash

```
npm install -g @nestjs/cli
```

Com o CLI instalado, um novo projeto pode ser gerado com o seguinte comando:
bash

```bash
nest new meu-projeto
cd meu-projeto
npm run start
```

A estrutura padrão do NestJS inclui:

- **src/** – Diretório principal da aplicação.
- **app.module.ts** – Define os módulos e dependências da aplicação.
- **app.controller.ts** – Controlador que gerencia rotas e respostas.
- **app.service.ts** – Serviço para regras de negócio e processamento de dados.
- **main.ts** – Arquivo de entrada da aplicação, onde o servidor é inicializado.

O código abaixo demonstra um **servidor básico** no NestJS:
typescript

```typescript
import { NestFactory } from '@nestjs/core';
import { AppModule } from './app.module';

async function bootstrap() {
  const app = await NestFactory.create(AppModule);
  await app.listen(3000);
  console.log('Servidor rodando em http://localhost:3000');
}

bootstrap();
```

Com essa estrutura, o servidor NestJS estará pronto para

receber requisições.

Principais recursos e diferenciais

O NestJS se diferencia por oferecer ferramentas nativas para desenvolvimento backend estruturado e escalável. Alguns dos recursos mais importantes incluem:

- **Arquitetura modular**: Organização baseada em módulos, facilitando a reutilização de código.
- **Suporte a TypeScript**: Segurança aprimorada e melhor experiência de desenvolvimento.
- **Injeção de dependências**: Facilita a manutenção e o desacoplamento de componentes.
- **Suporte a microsserviços**: Compatibilidade com RabbitMQ, Kafka, gRPC e outros protocolos.
- **Middleware e interceptadores**: Controle avançado sobre requisições e respostas.
- **ORM integrado**: Suporte nativo a Prisma, TypeORM, Mongoose e Sequelize.
- **Autenticação e segurança**: Facilitação do uso de JWT, OAuth e autenticação baseada em sessões.

Esses diferenciais tornam o NestJS ideal para projetos que exigem estruturação clara, segurança e escalabilidade, evitando a complexidade de arquiteturas desorganizadas.

Casos de uso e quando escolher

O NestJS é recomendado para projetos backend que exigem alta organização e modularidade. Entre os principais casos de uso estão:

- **APIs REST e GraphQL**: Aplicações que precisam de endpoints bem estruturados e escaláveis.
- **Microsserviços e arquitetura distribuída**: Implementação de comunicação assíncrona entre serviços.

- **Plataformas corporativas**: Sistemas internos que requerem segurança e boas práticas arquiteturais.
- **Gateways de API**: Integração entre múltiplos serviços backend.
- **Aplicações em tempo real**: Uso de WebSockets para notificações e chat ao vivo.

O NestJS pode ser uma escolha mais adequada do que Express.js quando há necessidade de manutenção a longo prazo, organização modular e uso extensivo de TypeScript.

Demonstração prática com código

A criação de uma API REST com NestJS segue uma estrutura organizada. Um controlador pode ser criado para gerenciar rotas da seguinte forma:

typescript

```typescript
import { Controller, Get } from '@nestjs/common';

@Controller('tarefas')
export class TarefasController {
  @Get()
  listarTarefas() {
    return [{ id: 1, titulo: 'Aprender NestJS', concluida: false }];
  }
}
```

Esse código define um **controlador** que responde a requisições GET na rota /tarefas. Para que ele funcione, é necessário registrá-lo dentro de um **módulo**:

typescript

```typescript
import { Module } from '@nestjs/common';
import { TarefasController } from './tarefas.controller';
```

```
@Module({
  controllers: [TarefasController],
})
export class TarefasModule {}
```

O módulo então deve ser importado no **app.module.ts**, garantindo que o controlador seja carregado corretamente na aplicação.

Para adicionar um **serviço**, que separa a lógica de negócios, a estrutura pode ser organizada da seguinte forma:
typescript

```
import { Injectable } from '@nestjs/common';

@Injectable()
export class TarefasService {
  private tarefas = [{ id: 1, titulo: 'Aprender NestJS', concluida:
false }];

  listarTarefas() {
    return this.tarefas;
  }
}
```

O controlador pode ser ajustado para utilizar o serviço:
typescript

```
import { Controller, Get } from '@nestjs/common';
import { TarefasService } from './tarefas.service';

@Controller('tarefas')
export class TarefasController {
  constructor(private readonly tarefasService: TarefasService)
```

```
{}

  @Get()
  listarTarefas() {
    return this.tarefasService.listarTarefas();
  }
}
```

Essa separação entre **controlador, serviço e módulo** permite melhor organização, escalabilidade e manutenibilidade.

Erros comuns e como resolvê-los
1. Erro: "Cannot find module '@nestjs/common'"

o   Causa: Dependências do NestJS não foram instaladas corretamente.

o   Solução: Executar npm install para garantir que todas as dependências estejam disponíveis.

2. Erro: "Nest can't resolve dependencies"

o   Causa: Serviço ou controlador não foi registrado no módulo correspondente.

o   Solução: Verificar se os serviços e controladores estão declarados corretamente no módulo.

3. Erro: "404 Not Found ao acessar rota"

o   Causa: O controlador não está sendo carregado corretamente.

o   Solução: Certificar-se de que o controlador foi importado e registrado no módulo principal.

Boas práticas e otimização

Para manter uma aplicação NestJS eficiente, algumas boas práticas devem ser seguidas:

- **Utilizar módulos para organização do código**, dividindo funcionalidades em partes independentes.
- **Injetar dependências corretamente**, garantindo baixo acoplamento entre os serviços.
- **Implementar autenticação e segurança**, utilizando JWT ou OAuth.
- **Aproveitar a tipagem do TypeScript** para evitar erros e garantir maior robustez no código.
- **Configurar validação de entrada** com class-validator para evitar dados inválidos nas requisições.
- **Monitorar e registrar logs** para facilitar a depuração e análise de desempenho.

Alternativas e frameworks concorrentes

O NestJS concorre diretamente com outras soluções para desenvolvimento backend com Node.js:

- **Express.js**: Alternativa minimalista para projetos menores e mais flexíveis.
- **Fastify**: Melhor opção para alto desempenho e baixo consumo de recursos.
- **Koa**: Criado pelos mesmos desenvolvedores do Express.js, mas com um design mais moderno e leve.

NestJS se destaca como a melhor opção para aplicações que exigem organização modular, escalabilidade e suporte nativo a TypeScript. Sua abordagem estruturada permite a construção de APIs robustas e seguras, facilitando o desenvolvimento de projetos empresariais e arquiteturas distribuídas. Aplicando boas práticas e explorando seus recursos, é possível criar sistemas backend eficientes e altamente escaláveis.

CAPÍTULO 10 – FASTIFY (NODE.JS)

Fastify é um **framework backend minimalista e altamente performático para Node.js**, projetado para oferecer **alta velocidade, segurança e baixo consumo de recursos**. Ele se destaca por ser mais rápido que Express.js e por trazer uma arquitetura baseada em plugins e validação nativa de JSON Schema, garantindo eficiência no processamento de requisições.

Diferente de frameworks mais pesados, Fastify prioriza baixo overhead e modularidade, tornando-se uma escolha ideal para APIs RESTful, microsserviços e aplicações em nuvem. Sua estrutura facilita a reutilização de código, permitindo que desenvolvedores componham aplicações backend escaláveis sem comprometer a simplicidade.

Outro diferencial do Fastify é seu sistema de logs embutido, que melhora a depuração e a análise de performance da aplicação. Com suporte nativo a TypeScript, GraphQL e validação de entrada, ele atende tanto projetos pequenos quanto sistemas complexos que exigem alta taxa de requisições por segundo.

Instalação e configuração básica

Para começar a usar o Fastify, é necessário instalar **Node.js** e criar um novo projeto. O primeiro passo é inicializar um ambiente de trabalho:

bash

```
mkdir meu-projeto
cd meu-projeto
npm init -y
```

Em seguida, a instalação do Fastify pode ser feita com:
bash

```
npm install fastify
```

Após a instalação, um **servidor básico** pode ser criado rapidamente:
javascript

```javascript
const fastify = require('fastify')({ logger: true });

fastify.get('/', async (request, reply) => {
  return { mensagem: 'Olá, Fastify!' };
});

fastify.listen({ port: 3000 }, (err, address) => {
  if (err) {
    fastify.log.error(err);
    process.exit(1);
  }
  console.log(`Servidor rodando em ${address}`);
});
```

Esse código inicializa um servidor na porta **3000**, registrando automaticamente logs para cada requisição. O Fastify permite lidar com **repostas assíncronas** de forma nativa, tornando o backend mais eficiente.

Principais recursos e diferenciais

Fastify foi desenvolvido para superar limitações de

frameworks mais antigos, proporcionando um conjunto de funcionalidades que otimizam o desempenho e a segurança:

- **Baixo consumo de recursos**: Projetado para atender milhares de requisições simultâneas sem comprometer a CPU.
- **Validação automática com JSON Schema**: Reduz a necessidade de bibliotecas externas para validar dados.
- **Sistema de plugins**: Permite estender a aplicação de maneira modular e reutilizável.
- **Suporte nativo a TypeScript**: Fornece maior segurança e previsibilidade no código.
- **Logging embutido com Pino**: Registra eventos e erros de maneira eficiente, facilitando a depuração.
- **Middleware otimizado**: Estrutura que reduz latência e melhora a resposta da aplicação.
- **Compatibilidade com Express.js**: Permite que desenvolvedores migrem aplicações sem grandes mudanças.

Tais diferenciais tornam Fastify uma alternativa eficiente para aplicações backend modernas, especialmente aquelas que exigem desempenho otimizado e alta escalabilidade.

Casos de uso e quando escolher

Fastify é recomendado para projetos que exigem alta performance e baixa latência. Entre seus principais casos de uso estão:

- **APIs de alto desempenho**: Aplicações que recebem um grande volume de requisições por segundo.
- **Microsserviços**: Arquiteturas distribuídas que precisam de comunicação rápida entre serviços.
- **Aplicações em tempo real**: Sistemas que exigem respostas rápidas, como notificações e streaming de dados.

- **Gateways de API**: Intermediação entre clientes e múltiplos serviços backend.
- **Backends serverless**: Integração com plataformas como AWS Lambda e Google Cloud Functions.

Para aplicações com necessidade de estruturas mais organizadas e padrão MVC, frameworks como NestJS podem ser uma escolha mais adequada.

Demonstração prática com código

O Fastify permite criar APIs REST de maneira otimizada, garantindo que cada requisição seja processada com baixo overhead. Um exemplo de API CRUD para gerenciamento de usuários pode ser implementado da seguinte forma:

javascript

```javascript
const fastify = require('fastify')({ logger: true });

let usuarios = [
  { id: 1, nome: 'Alice' },
  { id: 2, nome: 'Bob' }
];

// Listar usuários
fastify.get('/usuarios', async (request, reply) => {
  return usuarios;
});

// Criar um novo usuário
fastify.post('/usuarios', async (request, reply) => {
  const novoUsuario = { id: usuarios.length + 1, ...request.body };
  usuarios.push(novoUsuario);
  reply.status(201).send(novoUsuario);
```

```
});

// Atualizar usuário
fastify.put('/usuarios/:id', async (request, reply) => {
  const { id } = request.params;
  const usuario = usuarios.find(u => u.id === parseInt(id));
  if (!usuario) {
    return reply.status(404).send({ mensagem: 'Usuário não encontrado' });
  }

  Object.assign(usuario, request.body);
  reply.send(usuario);
});

// Excluir usuário
fastify.delete('/usuarios/:id', async (request, reply) => {
  usuarios = usuarios.filter(u => u.id !== parseInt(request.params.id));
  reply.status(204).send();
});

fastify.listen({ port: 3000 }, (err, address) => {
  if (err) {
    fastify.log.error(err);
    process.exit(1);
  }
  console.log(`Servidor rodando em ${address}`);
});
```

Essa API permite listar, adicionar, atualizar e remover usuários, demonstrando como o Fastify simplifica o desenvolvimento backend sem perder eficiência.

Erros comuns e como resolvê-los

1. Erro: "Cannot find module 'fastify'"

o   Causa: O Fastify não foi instalado corretamente.
o   Solução: Executar npm install fastify para garantir a presença do framework.

2. Erro: "Cannot read property 'body' of undefined"

o   Causa: O servidor não foi configurado para processar JSON.
o   Solução: Adicionar fastify.register(require('@fastify/formbody')) **para** habilitar o parser de requisições JSON.

3. Erro: "Address already in use"

o   Causa: A porta do servidor já está sendo usada por outro processo.
o   Solução: Mudar a porta no código ou encerrar o processo ocupando a porta.

Boas práticas e otimização

Fastify já é otimizado por padrão, mas algumas práticas ajudam a manter o desempenho da aplicação:

- **Utilizar plugins para modularizar funcionalidades**, melhorando a organização do código.
- **Implementar cache para reduzir requisições repetitivas** utilizando Redis ou similar.
- **Habilitar logs detalhados** para monitoramento de performance.
- **Evitar bloqueios na execução assíncrona**, garantindo que operações não obstruam o processamento de requisições.
- **Validar entradas com JSON Schema**, impedindo ataques

de injeção de dados e erros inesperados.

Alternativas e frameworks concorrentes

Fastify compete diretamente com outras soluções para desenvolvimento backend com Node.js, cada uma com suas próprias características:

- **Express.js**: Framework mais popular e flexível, mas menos otimizado para alto desempenho.
- **NestJS**: Arquitetura modular baseada em TypeScript, ideal para projetos grandes e estruturados.
- **Koa**: Criado pelos mesmos desenvolvedores do Express.js, oferece uma abordagem mais leve e moderna.

Fastify se destaca como a melhor opção para aplicações que precisam de alto desempenho sem perder a simplicidade. Seu baixo consumo de recursos, suporte nativo a JSON Schema e logging eficiente fazem dele um dos frameworks mais rápidos para APIs modernas. Aplicando boas práticas e explorando seus recursos avançados, é possível desenvolver backends escaláveis e eficientes, prontos para suportar aplicações em larga escala.

CAPÍTULO 11 – DJANGO (PYTHON)

Django é um **framework web full-stack para Python**, projetado para permitir o desenvolvimento rápido, seguro e escalável de aplicações backend. Criado seguindo a filosofia **"batteries included"**, ele oferece um conjunto completo de ferramentas integradas, incluindo **gerenciamento de banco de dados, autenticação, sistema de templates e segurança avançada**.

Diferente de frameworks minimalistas como Flask, Django impõe uma estrutura organizada, baseada no padrão MTV (Model-Template-View), que facilita a separação entre lógica de negócios, camada de apresentação e manipulação de dados. Seu sistema de ORM (Object-Relational Mapping) simplifica a comunicação com bancos de dados, permitindo a manipulação de dados com Python sem necessidade de escrever SQL manualmente.

Outro diferencial do Django é sua ênfase em segurança e escalabilidade, oferecendo proteção contra ataques comuns, como SQL Injection, Cross-Site Scripting (XSS) e Cross-Site Request Forgery (CSRF), tornando-o uma escolha confiável para aplicações empresariais e plataformas de grande porte.

Instalação e configuração básica

Para iniciar um projeto com Django, é necessário instalar o framework e configurar um ambiente virtual para isolamento do projeto. O primeiro passo é criar um ambiente virtual com Python:

bash

```
python -m venv venv
source venv/bin/activate   # No Windows, use: venv\Scripts
\activate
```

Com o ambiente ativado, a instalação do Django pode ser feita com o comando:
bash

```
pip install django
```

Após a instalação, um novo projeto pode ser criado com:
bash

```
django-admin startproject meu_projeto
cd meu_projeto
python manage.py runserver
```

O servidor será iniciado na porta **8000**, e a estrutura do projeto incluirá arquivos essenciais como:

- **manage.py** – Comando para gerenciar o projeto.
- **settings.py** – Configurações do Django, incluindo banco de dados, segurança e middlewares.
- **urls.py** – Definição das rotas da aplicação.
- **views.py** – Controladores que manipulam as requisições.
- **models.py** – Definição das tabelas do banco de dados.

Para criar um novo aplicativo dentro do projeto, pode-se usar:
bash

```
python manage.py startapp minha_app
```

Assim, cria-se uma estrutura modular que facilita a organização da aplicação.

Principais recursos e diferenciais

Django se destaca por sua abordagem **completa e estruturada**, eliminando a necessidade de bibliotecas externas para funcionalidades essenciais. Seus principais recursos incluem:

- **ORM integrado**: Manipulação de banco de dados sem necessidade de SQL manual.
- **Sistema de autenticação embutido**: Login, permissões e proteção contra ataques.
- **Administração automática**: Interface administrativa pronta para gerenciar dados.
- **Segurança avançada**: Proteção contra XSS, CSRF e SQL Injection.
- **Sistema de templates**: Separação entre lógica e apresentação da aplicação.
- **Middleware personalizável**: Controle avançado sobre requisições e respostas.
- **Suporte a APIs REST**: Integração com Django REST Framework para criação de APIs escaláveis.

Esses diferenciais tornam Django uma escolha sólida para desenvolvimento backend rápido e seguro, reduzindo o tempo de implementação de aplicações web robustas.

Casos de uso e quando escolher

Django é amplamente utilizado em projetos que exigem alta produtividade e segurança. Entre os principais casos de uso estão:

- **Plataformas de e-commerce**: Controle de produtos, pagamentos e usuários de forma integrada.
- **Sistemas corporativos**: Aplicações empresariais com múltiplos usuários e regras de negócios complexas.
- **APIs REST escaláveis**: Desenvolvimento de serviços para consumo de dados por frontend e dispositivos móveis.

- **Portais de notícias e blogs**: Geração dinâmica de conteúdo com controle administrativo completo.
- **Aplicações SaaS**: Plataformas online com suporte a múltiplos clientes e gerenciamento de permissões.

Para aplicações menores ou que precisam de maior flexibilidade na arquitetura, frameworks como **Flask** podem ser uma alternativa mais leve.

Demonstração prática com código

A criação de uma API simples para gerenciamento de tarefas com Django pode ser feita da seguinte maneira. O primeiro passo é **definir o modelo de dados** no arquivo models.py:
python

```python
from django.db import models

class Tarefa(models.Model):
    titulo = models.CharField(max_length=200)
    concluida = models.BooleanField(default=False)

    def __str__(self):
        return self.titulo
```

Após definir o modelo, o banco de dados precisa ser atualizado com:
bash

```bash
python manage.py makemigrations
python manage.py migrate
```

Em seguida, pode-se criar um **controlador para manipular as requisições** no views.py:
python

```python
from django.http import JsonResponse
from .models import Tarefa

def listar_tarefas(request):
    tarefas = list(Tarefa.objects.values())
    return JsonResponse({'tarefas': tarefas})
```

Para associar essa função a uma **rota**, basta configurar o urls.py:

python

```python
from django.urls import path
from .views import listar_tarefas

urlpatterns = [
    path('tarefas/', listar_tarefas),
]
```

Ao acessar http://localhost:8000/tarefas/, a API retornará a lista de tarefas cadastradas no banco de dados.

Erros comuns e como resolvê-los

1. **Erro: "ModuleNotFoundError: No module named 'django'"**

   - Causa: O Django não está instalado no ambiente virtual.
   - Solução: Ativar o ambiente virtual e executar pip install django.

2. **Erro: "ProgrammingError: relation 'tarefa' does not exist"**

   - Causa: As migrações do banco de dados não foram aplicadas corretamente.

○ Solução: Rodar python manage.py migrate **para** criar as tabelas no banco.

3. **Erro: "CSRF verification failed"**

○ Causa: Uma requisição POST foi enviada sem um token CSRF válido.

○ Solução: Adicionar @csrf_exempt no decorator da view ou configurar corretamente os formulários.

Boas práticas e otimização

Para manter um projeto Django eficiente e seguro, algumas boas práticas devem ser seguidas:

- **Separar a lógica em apps**: Modularizar o código criando diferentes aplicativos dentro do projeto.
- **Utilizar autenticação baseada em tokens**: Implementar JWT para autenticação em APIs.
- **Habilitar cache**: Configurar Redis ou Memcached para reduzir carga no banco de dados.
- **Manter logs de erros**: Utilizar Sentry ou Django Logging para rastrear falhas.
- **Configurar variáveis de ambiente**: Evitar expor informações sensíveis no código-fonte.
- **Ativar o modo DEBUG apenas em desenvolvimento**: Evitar a exposição de detalhes da aplicação em produção.

Essas práticas garantem que o **desenvolvimento seja escalável e seguro**, minimizando riscos e otimizando a performance da aplicação.

Alternativas e frameworks concorrentes

Django concorre com outros frameworks web para Python e backend em geral, cada um com suas próprias características:

- **Flask**: Framework minimalista que oferece maior flexibilidade para projetos pequenos.

- **FastAPI**: Focado em alta performance e suporte nativo a APIs assíncronas.
- **Express.js (Node.js)**: Alternativa leve para aplicações backend baseadas em JavaScript.
- **Spring Boot (Java)**: Indicado para sistemas empresariais complexos que exigem alta escalabilidade.

Django continua sendo uma das melhores escolhas para desenvolvimento backend estruturado, combinando segurança, produtividade e um ecossistema maduro. Sua abordagem opinionada e completa permite desenvolver aplicações robustas rapidamente, sem necessidade de configurar diversas ferramentas externas. Aplicando boas práticas e explorando seus recursos avançados, é possível criar sistemas escaláveis, seguros e preparados para produção.

CAPÍTULO 12 – FLASK (PYTHON)

Flask é um **microframework web para Python**, conhecido por sua simplicidade e flexibilidade. Criado para permitir um desenvolvimento ágil, Flask oferece apenas o essencial para construir aplicações web, deixando a cargo do desenvolvedor a escolha de bibliotecas e extensões conforme as necessidades do projeto.

Diferente de frameworks full-stack como Django, Flask não impõe um modelo arquitetural rígido, permitindo que cada aplicação seja estruturada de maneira personalizada. Sua abordagem minimalista o torna ideal para APIs RESTful, microsserviços e aplicações web leves, onde a simplicidade e o controle granular sobre os componentes são essenciais.

Apesar de ser leve, Flask possui uma grande comunidade e um ecossistema robusto de extensões, que permitem adicionar suporte a ORMs, autenticação, cache, segurança e gerenciamento de sessões sem comprometer a flexibilidade do framework.

Instalação e configuração básica

Flask pode ser instalado rapidamente utilizando o **pip**, o gerenciador de pacotes do Python. Para manter um ambiente isolado, recomenda-se criar um **ambiente virtual** antes da instalação:

bash

```
python -m venv venv
source venv/bin/activate # No Windows, use: venv\Scripts
```

```
\activate
```

Com o ambiente ativado, a instalação pode ser feita com:
bash

```
pip install flask
```

Após a instalação, um **servidor básico** pode ser iniciado com o seguinte código:
python

```
from flask import Flask

app = Flask(__name__)

@app.route('/')
def home():
    return 'Olá, Flask!'

if __name__ == '__main__':
    app.run(debug=True)
```

Executando o script, o servidor será iniciado na **porta 5000**, permitindo acessar a rota principal http://127.0.0.1:5000/.

Principais recursos e diferenciais

Flask se destaca por sua **simplicidade e modularidade**, permitindo a criação de aplicações enxutas sem a necessidade de configurações complexas. Seus principais recursos incluem:

- **Roteamento flexível**: Configuração simples de rotas e manipulação de requisições.
- **Middleware personalizável**: Extensão fácil de funcionalidades sem necessidade de alterar o núcleo da aplicação.
- **Suporte a templates com Jinja2**: Renderização dinâmica

de páginas HTML.

- **Sistema de sessões embutido**: Controle de usuários e autenticação simplificada.
- **Suporte a JSON e APIs REST**: Desenvolvimento rápido de serviços para integração com frontends e dispositivos móveis.
- **Compatibilidade com diversas bibliotecas**: Fácil integração com SQLAlchemy, Marshmallow, Flask-Login e outras extensões.

Essa leveza e modularidade fazem do Flask uma escolha ideal para projetos que exigem flexibilidade e desenvolvimento rápido.

Casos de uso e quando escolher

Flask é amplamente utilizado em projetos que não requerem a complexidade de frameworks full-stack. Alguns dos principais cenários onde se destaca incluem:

- **APIs RESTful**: Desenvolvimento de serviços web escaláveis e eficientes.
- **Microsserviços**: Implementação de pequenas aplicações independentes dentro de arquiteturas distribuídas.
- **Aplicações web leves**: Desenvolvimento de painéis administrativos, dashboards e ferramentas internas.
- **Protótipos rápidos**: Construção de MVPs (Minimum Viable Products) e validação de ideias antes de expandir um projeto.
- **Gateways de API**: Intermediação entre clientes e serviços backend.

Para aplicações que exigem uma estrutura completa, administração integrada e segurança avançada, Django pode ser uma opção mais robusta.

Demonstração prática com código

A criação de uma API REST simples utilizando Flask pode ser feita com Flask-RESTful, uma extensão que adiciona suporte nativo a métodos HTTP e serialização de dados. O código abaixo demonstra um serviço de gerenciamento de tarefas: python

```python
from flask import Flask, jsonify, request

app = Flask(__name__)

tarefas = [
    {'id': 1, 'titulo': 'Aprender Flask', 'concluida': False},
    {'id': 2, 'titulo': 'Criar API REST', 'concluida': False}
]

@app.route('/tarefas', methods=['GET'])
def listar_tarefas():
    return jsonify(tarefas)

@app.route('/tarefas', methods=['POST'])
def criar_tarefa():
    nova_tarefa = {
        'id': len(tarefas) + 1,
        'titulo': request.json['titulo'],
        'concluida': False
    }
    tarefas.append(nova_tarefa)
    return jsonify(nova_tarefa), 201

@app.route('/tarefas/<int:id>', methods=['PUT'])
def atualizar_tarefa(id):
    tarefa = next((t for t in tarefas if t['id'] == id), None)
    if tarefa is None:
        return jsonify({'erro': 'Tarefa não encontrada'}), 404
```

```
    tarefa['titulo'] = request.json.get('titulo', tarefa['titulo'])
    tarefa['concluida'] = request.json.get('concluida',
tarefa['concluida'])
    return jsonify(tarefa)

@app.route('/tarefas/<int:id>', methods=['DELETE'])
def deletar_tarefa(id):
    global tarefas
    tarefas = [t for t in tarefas if t['id'] != id]
    return '', 204

if __name__ == '__main__':
    app.run(debug=True)
```

Essa API permite listar, adicionar, atualizar e excluir tarefas, demonstrando como Flask simplifica o desenvolvimento backend.

Erros comuns e como resolvê-los
1. **Erro: "ImportError: No module named flask"**

   - Causa: O Flask não está instalado ou o ambiente virtual não foi ativado.
   - Solução: Executar pip install flask e ativar o ambiente virtual corretamente.
2. **Erro: "KeyError: 'titulo'" ao enviar uma requisição POST**

   - Causa: O JSON enviado na requisição não contém o campo esperado.
   - Solução: Garantir que o corpo da requisição inclui um JSON válido.
3. **Erro: "Address already in use"**

○ Causa: Outra instância do servidor está rodando na mesma porta.

○ Solução: Encerrar processos antigos ou executar app.run(port=5001) para mudar a porta.

Boas práticas e otimização

Para manter uma aplicação Flask eficiente e escalável, algumas boas práticas devem ser seguidas:

- **Utilizar Blueprints**: Modularizar o código dividindo funcionalidades em diferentes arquivos.

- **Implementar autenticação segura**: Utilizar JWT ou OAuth para controle de acessos.

- **Habilitar cache**: Configurar Redis para reduzir consultas ao banco de dados.

- **Configurar logs detalhados**: Utilizar a biblioteca logging para registrar erros e eventos críticos.

- **Evitar execução do código em produção com debug=True**: Utilizar um servidor como Gunicorn para produção.

Essas práticas garantem que a aplicação seja segura, escalável e de fácil manutenção.

Alternativas e frameworks concorrentes

Flask concorre com outros frameworks web para Python, cada um com características específicas:

- **Django**: Solução full-stack com administração embutida e maior segurança.

- **FastAPI**: Otimizado para performance e suporte nativo a APIs assíncronas.

- **Tornado**: Focado em aplicações em tempo real e conexões persistentes.

Flask continua sendo uma das melhores opções para desenvolvimento backend ágil, proporcionando um equilíbrio entre simplicidade e poder. Sua abordagem minimalista permite criar desde APIs rápidas até sistemas modulares escaláveis, garantindo produtividade sem comprometer a flexibilidade. Aplicando boas práticas e explorando suas extensões, é possível desenvolver aplicações eficientes e preparadas para crescimento.

CAPÍTULO 13 – SPRING BOOT (JAVA)

Spring Boot é um **framework para desenvolvimento de aplicações backend em Java**, projetado para simplificar a criação de aplicações robustas, escaláveis e prontas para produção. Ele é uma extensão do **Spring Framework**, oferecendo um conjunto de ferramentas e convenções que eliminam grande parte da configuração manual necessária para iniciar um projeto Java tradicional.

O principal diferencial do Spring Boot é a abordagem "opiniada", que define padrões e práticas recomendadas para desenvolvimento de APIs REST, microsserviços e aplicações empresariais. Ele permite inicializar um projeto rapidamente, com configuração mínima e suporte nativo a banco de dados, segurança, cache, mensageria e monitoramento.

Com suporte a arquitetura modular, injeção de dependências e integração com tecnologias modernas como Docker e Kubernetes, Spring Boot se tornou uma escolha padrão para sistemas escaláveis em cloud e aplicações corporativas.

Instalação e configuração básica

Para iniciar um projeto Spring Boot, a maneira mais prática é utilizar o **Spring Initializr**, uma ferramenta que gera automaticamente a estrutura inicial do projeto. Acesse **https://start.spring.io/** e configure:

- **Linguagem:** Java
- **Tipo do projeto:** Maven ou Gradle

- **Dependências:** Spring Web, Spring Boot DevTools e Spring Data JPA (para integração com banco de dados)

Após o download do projeto gerado, é possível rodar a aplicação com:
bash

```
mvn spring-boot:run  # Para projetos Maven
gradle bootRun       # Para projetos Gradle
```

A estrutura inicial do projeto contém:
- **Application.java** – Classe principal que inicia o servidor Spring Boot.
- **Controller.java** – Controladores responsáveis por manipular as requisições HTTP.
- **Service.java** – Camada de lógica de negócios da aplicação.
- **Repository.java** – Interface para comunicação com o banco de dados.

Para testar a instalação, um controlador simples pode ser criado:
java

```java
import org.springframework.web.bind.annotation.GetMapping;
import org.springframework.web.bind.annotation.RequestMapping;
import org.springframework.web.bind.annotation.RestController;

@RestController
@RequestMapping("/api")
public class HelloController {

    @GetMapping("/hello")
```

```
public String hello() {
    return "Olá, Spring Boot!";
  }
}
```

Executando a aplicação, a rota http://localhost:8080/api/hello estará disponível.

Principais recursos e diferenciais

Spring Boot se destaca por oferecer um conjunto abrangente de funcionalidades que simplificam o desenvolvimento backend:

- **Inicialização rápida**: Aplicações podem ser criadas sem necessidade de configuração manual.
- **Servidor embutido**: Utiliza Tomcat, Jetty ou Undertow sem necessidade de configuração externa.
- **Injeção de dependências**: Baseado no Spring Framework, permite criar aplicações modulares e reutilizáveis.
- **Integração nativa com bancos de dados**: Suporte a JPA, Hibernate e JDBC para comunicação eficiente com bancos SQL e NoSQL.
- **Suporte a microsserviços**: Permite criar aplicações escaláveis e distribuídas usando Spring Cloud.
- **Monitoramento e métricas**: Ferramentas como Actuator permitem monitorar o desempenho da aplicação em tempo real.
- **Autenticação e segurança avançadas**: Spring Security oferece proteção contra ataques como XSS, CSRF e SQL Injection.

Com esses recursos, Spring Boot permite desenvolver APIs REST escaláveis, integrações com mensageria (Kafka, RabbitMQ) e aplicações resilientes para ambientes de produção.

Casos de uso e quando escolher

Spring Boot é amplamente adotado em projetos empresariais e aplicações de larga escala. Alguns dos principais cenários incluem:

- **APIs REST e microsserviços**: Comunicação eficiente entre serviços distribuídos.
- **Plataformas de e-commerce**: Controle de pedidos, pagamentos e usuários com alta segurança.
- **Sistemas corporativos e ERP**: Gestão de processos internos e integração com bancos de dados complexos.
- **Aplicações em nuvem**: Integração com Kubernetes e suporte a escalabilidade horizontal.
- **Aplicações financeiras e bancárias**: Compliance com padrões de segurança para transações sensíveis.

Para aplicações menores ou que exigem menor consumo de recursos, frameworks como Quarkus ou Micronaut podem ser mais eficientes.

Demonstração prática com código

A criação de uma API REST completa com Spring Boot segue um modelo baseado em Controller, Service e Repository, garantindo separação de responsabilidades.

Criando um modelo de entidade

O primeiro passo é definir uma entidade para persistência de dados. No arquivo Tarefa.java:
java

```java
import jakarta.persistence.*;

@Entity
@Table(name = "tarefas")
public class Tarefa {
```

```java
@Id
@GeneratedValue(strategy = GenerationType.IDENTITY)
private Long id;

private String titulo;
private boolean concluida;

// Getters e Setters
}
```

Criando um repositório para acesso ao banco de dados

A interface TarefaRepository.java permite manipular os dados sem necessidade de escrever SQL manualmente:
java

```java
import
org.springframework.data.jpa.repository.JpaRepository;

public interface TarefaRepository extends
JpaRepository<Tarefa, Long> {
}
```

Criando um serviço para lógica de negócios

O serviço encapsula as regras de manipulação de tarefas no arquivo TarefaService.java:
java

```java
import org.springframework.stereotype.Service;
import java.util.List;

@Service
public class TarefaService {

    private final TarefaRepository repository;
```

```java
public TarefaService(TarefaRepository repository) {
    this.repository = repository;
}

public List<Tarefa> listarTodas() {
    return repository.findAll();
}

public Tarefa salvar(Tarefa tarefa) {
    return repository.save(tarefa);
}
}
```

Criando um controlador REST

Por fim, um controlador é criado no arquivo TarefaController.java **para expor os endpoints:**

java

```java
import org.springframework.web.bind.annotation.*;

import java.util.List;

@RestController
@RequestMapping("/api/tarefas")
public class TarefaController {

    private final TarefaService service;

    public TarefaController(TarefaService service) {
        this.service = service;
    }

    @GetMapping
```

```java
public List<Tarefa> listarTarefas() {
   return service.listarTodas();
}

@PostMapping
public Tarefa criarTarefa(@RequestBody Tarefa tarefa) {
   return service.salvar(tarefa);
}
}
```

Com essa estrutura, a API estará disponível nos endpoints:

- **GET /api/tarefas** – Retorna todas as tarefas.
- **POST /api/tarefas** – Cria uma nova tarefa no banco de dados.

Erros comuns e como resolvê-los

1. **Erro: "Field tarefaRepository required a bean of type 'TarefaRepository' that could not be found"**

   - Causa: A interface TarefaRepository não está registrada corretamente.
   - Solução: Verificar se a anotação @Repository ou a herança de JpaRepository está configurada.

2. **Erro: "No identifier specified for entity"**

   - Causa: A classe de entidade não tem um campo anotado como @Id.
   - Solução: Garantir que há um identificador único na entidade, com @GeneratedValue(strategy = GenerationType.IDENTITY).

3. **Erro: "Database connection refused"**

   - Causa: Configuração incorreta do banco de dados no

application.properties.

- ○ Solução: Verificar se o banco está rodando e se as credenciais estão corretas.

Boas práticas e otimização

Para garantir uma aplicação eficiente e escalável com Spring Boot, algumas práticas devem ser adotadas:

- **Utilizar profiles para ambientes distintos** (application-dev.properties, application-prod.properties).
- **Ativar cache para otimizar consultas frequentes** com Redis ou Caffeine.
- **Configurar logs com Logback ou SLF4J** para rastrear falhas e eventos críticos.
- **Utilizar DTOs (Data Transfer Objects)** para evitar exposição direta das entidades.
- **Habilitar paginadores para evitar retornos massivos de dados** em APIs públicas.

Spring Boot continua sendo a solução mais consolidada para aplicações Java modernas, combinando desempenho, modularidade e suporte nativo a escalabilidade. Aplicando boas práticas e explorando seus recursos avançados, é possível desenvolver sistemas resilientes, seguros e preparados para produção.

CAPÍTULO 14 –
MICRONAUT (JAVA)

Micronaut é um **framework moderno para desenvolvimento de microsserviços e aplicações cloud-native em Java, Kotlin e Groovy**. Criado para superar as limitações de frameworks tradicionais, ele foca em baixo consumo de memória, inicialização rápida e compatibilidade com ambientes serverless.

Diferente de frameworks como Spring Boot, que utilizam reflexão e proxies dinâmicos para injeção de dependências, Micronaut faz toda a análise de classes em tempo de compilação, reduzindo drasticamente o tempo de inicialização e o uso de recursos. Isso o torna uma escolha ideal para APIs de alto desempenho, aplicações reativas e microsserviços escaláveis.

Com suporte nativo a gRPC, HTTP, bancos de dados reativos, autenticação JWT, monitoramento distribuído e integração com Kubernetes e AWS Lambda, Micronaut se posiciona como uma alternativa eficiente para desenvolvedores que precisam de um framework otimizado e preparado para arquiteturas modernas.

Instalação e configuração básica

A instalação do Micronaut pode ser feita via **Micronaut CLI**, **Maven** ou **Gradle**. Para instalar a CLI, o seguinte comando pode ser utilizado:

bash

```
sdk install micronaut
```

Após a instalação, um novo projeto pode ser criado com:
bash

```
mn create-app com.exemplo.minhaapp --build=maven --
lang=java
cd minhaapp
./mvnw clean install
./mvnw mn:run
```

O servidor será iniciado na **porta 8080**, pronto para receber requisições.

A estrutura do projeto gerado inclui:

- **Application.java** – Classe principal que inicializa o servidor Micronaut.
- **Controller.java** – Responsável por manipular as requisições HTTP.
- **Service.java** – Camada de lógica de negócios.
- **Repository.java** – Interface para comunicação com o banco de dados.

Para criar um controlador básico, basta adicionar:
java

```java
import io.micronaut.http.annotation.Controller;
import io.micronaut.http.annotation.Get;

@Controller("/api")
public class HelloController {

    @Get("/hello")
    public String hello() {
        return "Olá, Micronaut!";
```

```
    }
}
```

A API já estará disponível em http://localhost:8080/api/hello.

Principais recursos e diferenciais

Micronaut traz um conjunto de funcionalidades que o tornam uma solução eficiente para **microsserviços e aplicações reativas**. Alguns de seus principais recursos incluem:

- **Injeção de dependências em tempo de compilação**: Reduz o tempo de inicialização da aplicação.
- **Baixo consumo de memória**: Ideal para execução em containers e arquiteturas serverless.
- **APIs assíncronas e reativas**: Compatibilidade com RxJava, Project Reactor e Kotlin Coroutines.
- **Autenticação nativa com JWT**: Suporte pronto para OAuth 2.0 e OpenID Connect.
- **Configuração distribuída**: Integração com Consul, Eureka e Kubernetes.
- **Monitoramento e tracing distribuído**: Compatível com Zipkin e Jaeger para rastreamento de requisições.
- **Suporte a GraalVM**: Permite a compilação de aplicações nativas para reduzir ainda mais o tempo de inicialização.

Essas características tornam Micronaut uma solução ideal para desenvolvimento cloud-native e otimizado para execução em ambientes de alta concorrência.

Casos de uso e quando escolher

Micronaut se destaca em projetos que exigem baixa latência, inicialização rápida e suporte a microsserviços escaláveis. Algumas aplicações ideais incluem:

- **APIs REST de alto desempenho**: Serviços backend que exigem eficiência e escalabilidade.

- **Microsserviços em ambientes distribuídos**: Aplicações baseadas em Kubernetes ou service mesh.
- **Aplicações serverless**: Execução em AWS Lambda, Google Cloud Functions e Azure Functions.
- **Serviços de mensageria**: Integração com RabbitMQ, Kafka e MQTT para comunicação assíncrona.
- **Sistemas financeiros e de telecomunicações**: Processamento de alto volume de dados em tempo real.

Para projetos que exigem uma base de código madura e uma comunidade mais ampla, Spring Boot pode ser uma alternativa mais consolidada.

Demonstração prática com código

Uma API REST para gerenciamento de tarefas pode ser criada utilizando Controller, Service e Repository para garantir separação de responsabilidades.

Criando um modelo de entidade

No arquivo Tarefa.java, define-se a entidade que será armazenada no banco de dados:
java

```java
import io.micronaut.data.annotation.*;
import io.micronaut.data.model.*;

import javax.persistence.*;

@Entity
@Table(name = "tarefas")
public class Tarefa {

    @Id
    @GeneratedValue
    private Long id;
```

```java
private String titulo;
private boolean concluida;

// Getters e Setters
}
```

Criando um repositório para acesso ao banco

A interface TarefaRepository.java permite manipular os dados sem escrever SQL manualmente:

java

```java
import io.micronaut.data.annotation.Repository;
import io.micronaut.data.jpa.repository.JpaRepository;

@Repository
public interface TarefaRepository extends JpaRepository<Tarefa, Long> {
}
```

Criando um serviço para lógica de negócios

O serviço encapsula as regras de manipulação de tarefas no arquivo TarefaService.java:

java

```java
import jakarta.inject.Singleton;
import java.util.List;

@Singleton
public class TarefaService {

    private final TarefaRepository repository;

    public TarefaService(TarefaRepository repository) {
```

```
      this.repository = repository;
  }

  public List<Tarefa> listarTodas() {
      return repository.findAll();
  }

  public Tarefa salvar(Tarefa tarefa) {
      return repository.save(tarefa);
  }
}
```

Criando um controlador REST

O controlador TarefaController.java expõe os endpoints para manipulação de tarefas:

java

```
import io.micronaut.http.annotation.*;
import java.util.List;

@Controller("/api/tarefas")
public class TarefaController {

  private final TarefaService service;

  public TarefaController(TarefaService service) {
      this.service = service;
  }

  @Get
  public List<Tarefa> listarTarefas() {
      return service.listarTodas();
  }
```

```
@Post
public Tarefa criarTarefa(@Body Tarefa tarefa) {
    return service.salvar(tarefa);
  }
}
```

A API estará disponível nos seguintes endpoints:

- **GET /api/tarefas** – Retorna todas as tarefas.
- **POST /api/tarefas** – Cria uma nova tarefa no banco de dados.

Erros comuns e como resolvê-los

1. **Erro: "No such bean of type 'TarefaRepository'"**

   - Causa: O repositório não foi registrado corretamente.
   - Solução: Verificar se a anotação @Repository está presente na interface do repositório.

2. **Erro: "Unsupported Media Type: application/json" ao enviar requisição POST**

   - Causa: A requisição não foi enviada corretamente com JSON.
   - Solução: Garantir que o cabeçalho Content-Type: application/json está incluído na requisição.

3. **Erro: "Database connection refused"**

   - Causa: Configuração incorreta do banco de dados.
   - Solução: Verificar as credenciais e configurações no application.yml.

Boas práticas e otimização

Para garantir uma aplicação eficiente e escalável com

Micronaut, algumas práticas devem ser adotadas:

- **Utilizar GraalVM para reduzir tempo de inicialização** e consumo de memória.
- **Implementar cache para otimizar consultas frequentes** utilizando Caffeine ou Redis.
- **Configurar logs estruturados** para monitoramento eficiente da aplicação.
- **Utilizar o suporte a tracing distribuído** para monitorar requisições em sistemas distribuídos.
- **Habilitar segurança com JWT** para autenticação de usuários.

Micronaut se consolida como uma das melhores opções para desenvolvimento cloud-native, oferecendo desempenho superior, arquitetura modular e compatibilidade com ambientes distribuídos. Aplicando boas práticas e explorando seus recursos avançados, é possível desenvolver microsserviços leves, eficientes e preparados para produção.

CAPÍTULO 15 – RUBY ON RAILS (RUBY)

Ruby on Rails, frequentemente chamado apenas de Rails, é um **framework full-stack para desenvolvimento web em Ruby**, conhecido por sua **simplicidade, produtividade e enfoque em convenções ao invés de configuração**. Criado para acelerar o desenvolvimento de aplicações, Rails permite a criação de **APIs e aplicações completas** com menos código e de maneira estruturada.

O principal conceito do Rails é o "Convention over Configuration", que estabelece padrões que eliminam a necessidade de configurações extensas. Isso significa que um desenvolvedor pode criar uma aplicação funcional rapidamente sem precisar definir cada detalhe do ambiente.

Outro princípio fundamental do Rails é o "Don't Repeat Yourself" (DRY), que incentiva a reutilização de código e a organização modular, resultando em aplicações mais fáceis de manter e escaláveis. Com suporte embutido a ORM (Active Record), roteamento, templates, autenticação e segurança, Rails se tornou uma das soluções mais populares para startups, aplicações SaaS e projetos corporativos.

Instalação e configuração básica

Rails requer a instalação do **Ruby** e do **gerenciador de pacotes RubyGems**. Para instalar o Rails globalmente no sistema, o seguinte comando pode ser utilizado:
bash

```
gem install rails
```

Após a instalação, um novo projeto pode ser criado com:
bash

```
rails new minha_aplicacao
cd minha_aplicacao
rails server
```

Isso inicializa um servidor local na **porta 3000**, permitindo acessar a aplicação em http://localhost:3000.
A estrutura do projeto gerado inclui:

- **app/** – Contém controladores, modelos e visualizações.
- **config/** – Arquivos de configuração da aplicação.
- **db/** – Estruturas do banco de dados.
- **routes.rb** – Define as rotas da aplicação.

Para criar um **controlador básico**, o seguinte comando pode ser executado:
bash

```
rails generate controller Home index
```

Assim, cria-se um arquivo home_controller.rb com um método index, que pode ser acessado pela URL http://localhost:3000/home/index.

Principais recursos e diferenciais

Rails é uma solução completa para desenvolvimento web, oferecendo um conjunto robusto de ferramentas para construção de aplicações escaláveis e seguras. Entre seus principais recursos, destacam-se:

- **Active Record (ORM nativo)**: Simplifica a manipulação de banco de dados sem necessidade de SQL manual.

- **Autogeração de código**: Criação automática de controladores, modelos e migrações.
- **Sistema de roteamento intuitivo**: Define URLs de forma simples e estruturada.
- **Suporte a APIs RESTful**: Permite criação de serviços para integração com frontends e dispositivos móveis.
- **Segurança integrada**: Proteção contra XSS, CSRF e SQL Injection.
- **Ferramentas de testes automatizados**: Permite desenvolvimento baseado em testes (TDD/BDD).
- **Geração de scaffolds**: Criação rápida de CRUDs completos.

Esses recursos fazem do Rails uma das opções mais produtivas para desenvolvedores que buscam um framework completo e eficiente.

Casos de uso e quando escolher

Rails é amplamente utilizado em startups, SaaS e aplicações que exigem rápida implementação e escalabilidade. Alguns dos principais cenários incluem:

- **Sistemas de e-commerce**: Desenvolvimento rápido de lojas virtuais.
- **Plataformas SaaS**: Aplicações multiusuário para serviços online.
- **APIs REST para aplicações frontend**: Integração com React, Vue.js e outros frameworks modernos.
- **Plataformas de gestão de conteúdo (CMSs)**: Sites dinâmicos e painéis administrativos.
- **Portais de comunidades e redes sociais**: Aplicações colaborativas de alto tráfego.

Para projetos que exigem baixa latência e inicialização ultrarrápida, frameworks como Sinatra podem ser mais eficientes.

Demonstração prática com código

A criação de uma API REST para gerenciamento de tarefas no Rails pode ser feita seguindo o padrão Model-View-Controller (MVC).

Criando o modelo de dados

O primeiro passo é gerar um modelo de Tarefa com os atributos desejados:

bash

```bash
rails generate model Tarefa titulo:string concluida:boolean
rails db:migrate
```

Isso cria a tabela **tarefas** no banco de dados.

Criando um controlador para manipulação de tarefas

O controlador tarefas_controller.rb é criado automaticamente com o seguinte comando:

bash

```bash
rails generate controller Tarefas
```

No arquivo app/controllers/tarefas_controller.rb, **os métodos para manipulação de tarefas são definidos:**

ruby

```ruby
class TarefasController < ApplicationController

  def index
    tarefas = Tarefa.all
    render json: tarefas
  end
```

```ruby
def create
  tarefa = Tarefa.new(tarefa_params)
  if tarefa.save
    render json: tarefa, status: :created
  else
    render json: tarefa.errors, status: :unprocessable_entity
  end
end

def update
  tarefa = Tarefa.find(params[:id])
  if tarefa.update(tarefa_params)
    render json: tarefa
  else
    render json: tarefa.errors, status: :unprocessable_entity
  end
end

def destroy
  tarefa = Tarefa.find(params[:id])
  tarefa.destroy
  head :no_content
end

private

def tarefa_params
  params.require(:tarefa).permit(:titulo, :concluida)
end

end
```

Configurando as rotas

As rotas da API são definidas no arquivo config/routes.rb:
ruby

```
Rails.application.routes.draw do
  resources :tarefas
end
```

Essa configuração cria automaticamente os seguintes endpoints:

- **GET /tarefas** – Lista todas as tarefas.
- **POST /tarefas** – Cria uma nova tarefa.
- **PUT /tarefas/:id** – Atualiza uma tarefa existente.
- **DELETE /tarefas/:id** – Remove uma tarefa do banco.

Erros comuns e como resolvê-los

1. **Erro: "Could not find a JavaScript runtime" ao executar Rails**

   - Causa: Rails depende de um runtime JavaScript para compilar ativos.
   - Solução: Instalar o Node.js e o Yarn com brew install node yarn.

2. **Erro: "ActiveRecord::PendingMigrationError" ao iniciar o servidor**

   - Causa: As migrações do banco de dados não foram aplicadas.
   - Solução: Executar rails db:migrate para atualizar o banco.

3. **Erro: "No route matches" ao acessar uma rota**

   - Causa: A rota não foi definida corretamente.

○   Solução: Verificar config/routes.rb e rodar rails routes para conferir as rotas disponíveis.

Boas práticas e otimização

Para garantir que uma aplicação Rails seja eficiente e escalável, algumas práticas devem ser seguidas:

- **Utilizar caching**: Habilitar cache para reduzir consultas repetitivas ao banco de dados.
- **Otimizar consultas SQL**: Utilizar select, includes e joins para evitar queries desnecessárias.
- **Configurar variáveis de ambiente**: Utilizar dotenv para armazenar credenciais de maneira segura.
- **Implementar autenticação segura**: Utilizar Devise ou JWT para controle de acesso.
- **Monitorar a aplicação**: Utilizar ferramentas como New Relic ou Skylight para rastrear desempenho.

Alternativas e frameworks concorrentes

Rails compete diretamente com outros frameworks full-stack e minimalistas:

- **Sinatra (Ruby)**: Alternativa mais leve para APIs pequenas.
- **Django (Python)**: Framework completo para aplicações estruturadas.
- **Spring Boot (Java)**: Alternativa robusta para aplicações empresariais escaláveis.
- **Express.js (Node.js)**: Framework minimalista para desenvolvimento backend em JavaScript.

Rails continua sendo uma das soluções mais produtivas para desenvolvimento web, combinando simplicidade, escalabilidade e um ecossistema maduro. Aplicando boas práticas e explorando seus recursos avançados, é possível criar aplicações rápidas, seguras e prontas para crescimento.

CAPÍTULO 16 – FIBER (GO)

Fiber é um **framework web para Go (Golang)**, projetado para ser rápido, leve e eficiente. Inspirado no Express.js, ele oferece uma API simplificada para desenvolvimento de **APIs REST, microsserviços e aplicações de alto desempenho.**

Desenvolvido sobre Fasthttp, a biblioteca HTTP mais rápida para Go, Fiber consegue lidar com um alto volume de requisições sem comprometer o desempenho. Ele é ideal para aplicações que exigem baixa latência, alto throughput e execução eficiente de recursos.

A estrutura do Fiber prioriza simplicidade e flexibilidade, tornando o desenvolvimento backend em Go mais acessível para desenvolvedores acostumados com frameworks baseados em JavaScript, como Express.js.

Seus principais pontos fortes incluem:

- **Velocidade extrema**: Baseado em Fasthttp, Fiber supera outros frameworks HTTP em termos de desempenho.
- **Fácil aprendizado**: API intuitiva, semelhante ao Express.js.
- **Baixo consumo de memória**: Ideal para aplicações serverless e microsserviços.
- **Compatibilidade com middleware**: Integração nativa com middlewares para autenticação, CORS, cache e compressão.
- **Suporte a WebSockets**: Comunicação bidirecional para aplicações em tempo real.

Instalação e configuração básica

Fiber é instalado utilizando **Go Modules**, a ferramenta oficial de gerenciamento de dependências do Go. O primeiro passo é criar um novo projeto:
bash

```
mkdir minhaapi
cd minhaapi
go mod init minhaapi
```

Com o projeto inicializado, Fiber pode ser instalado com:
bash

```
go get -u github.com/gofiber/fiber/v2
```

Após a instalação, um **servidor básico** pode ser iniciado com:
go

```
package main

import (
        "github.com/gofiber/fiber/v2"
)

func main() {
        app := fiber.New()

        app.Get("/", func(c *fiber.Ctx) error {
        return c.SendString("Olá, Fiber!")
        })

        app.Listen(":3000")
}
```

Executando o código com go run main.go, o servidor estará disponível na **porta 3000**, pronto para receber requisições.

Principais recursos e diferenciais

Fiber se destaca por seu **desempenho otimizado e facilidade de uso**. Seus principais recursos incluem:

- **Desenvolvimento simplificado**: API inspirada no Express.js, facilitando a curva de aprendizado.
- **Múltiplos middlewares prontos**: Suporte nativo para autenticação, logging, cache e CORS.
- **Manipulação eficiente de JSON**: Fácil serialização e desserialização de dados.
- **Roteamento otimizado**: Melhor performance na definição e manipulação de rotas.
- **Suporte a WebSockets**: Comunicação em tempo real para aplicações interativas.
- **Compatibilidade com bancos de dados**: Integração nativa com GORM, MongoDB, PostgreSQL, MySQL e Redis.
- **Execução assíncrona**: Processamento eficiente de requisições concorrentes.

Com essas características, Fiber é uma escolha estratégica para desenvolvimento backend moderno e escalável.

Casos de uso e quando escolher

Fiber é ideal para aplicações que exigem **alta performance e baixa latência**. Alguns dos principais casos de uso incluem:

- **APIs REST e microsserviços**: Desenvolvimento de serviços backend otimizados para alto throughput.
- **Plataformas de streaming e em tempo real**: Comunicação WebSocket para chat, notificações e dashboards.
- **Serviços de processamento de dados**: Aplicações que precisam lidar com alto volume de requisições simultâneas.
- **Gateways de API**: Proxy entre clientes e múltiplos

serviços backend.

- **Backends serverless**: Execução eficiente em ambientes como AWS Lambda e Google Cloud Functions.

Para aplicações **mais robustas e organizadas**, frameworks como **Gin** ou **Echo** podem oferecer maior estruturação para projetos de grande escala.

Demonstração prática com código

A criação de uma API REST para gerenciamento de tarefas com Fiber segue um modelo baseado em handler functions para manipulação de requisições.

Definindo o modelo de dados

Um modelo de **Tarefa** pode ser criado para representar os dados no sistema:

go

```go
package main

type Tarefa struct {
    ID     int    `json:"id"`
    Titulo string `json:"titulo"`
    Concluida bool `json:"concluida"`
}
```

Criando um array de tarefas

Um array para armazenar tarefas temporariamente pode ser definido:

go

```go
var tarefas = []Tarefa{
    {ID: 1, Titulo: "Aprender Fiber", Concluida: false},
    {ID: 2, Titulo: "Criar API REST", Concluida: false},
```

```
}
```

Criando um controlador para manipulação de tarefas

As funções para manipular tarefas podem ser organizadas da seguinte forma:

go

```go
func listarTarefas(c *fiber.Ctx) error {
    return c.JSON(tarefas)
}

func criarTarefa(c *fiber.Ctx) error {
    var novaTarefa Tarefa
    if err := c.BodyParser(&novaTarefa); err != nil {
    return c.Status(400).SendString("Erro ao processar requisição")
    }
    novaTarefa.ID = len(tarefas) + 1
    tarefas = append(tarefas, novaTarefa)
    return c.Status(201).JSON(novaTarefa)
}

func atualizarTarefa(c *fiber.Ctx) error {
    id := c.Params("id")
    for i, tarefa := range tarefas {
    if tarefa.ID == id {
    if err := c.BodyParser(&tarefas[i]); err != nil {
    return c.Status(400).SendString("Erro ao processar requisição")
    }
    return c.JSON(tarefas[i])
    }
    }
```

```go
        return c.Status(404).SendString("Tarefa não
encontrada")
}

func deletarTarefa(c *fiber.Ctx) error {
        id := c.Params("id")
        for i, tarefa := range tarefas {
        if tarefa.ID == id {
        tarefas = append(tarefas[:i], tarefas[i+1:]...)
        return c.Status(204).SendString("")
        }
        }
        return c.Status(404).SendString("Tarefa não
encontrada")
}
```

Configurando as rotas da API

Com as funções implementadas, as rotas podem ser definidas:
go

```go
func main() {
        app := fiber.New()

        app.Get("/tarefas", listarTarefas)
        app.Post("/tarefas", criarTarefa)
        app.Put("/tarefas/:id", atualizarTarefa)
        app.Delete("/tarefas/:id", deletarTarefa)

        app.Listen(":3000")
}
```

Com essa estrutura, a API estará disponível nos seguintes endpoints:

- **GET /tarefas** – Retorna todas as tarefas.

- **POST /tarefas** – Cria uma nova tarefa.
- **PUT /tarefas/:id** – Atualiza uma tarefa existente.
- **DELETE /tarefas/:id** – Remove uma tarefa do sistema.

Erros comuns e como resolvê-los

1. **Erro: "module declares its path as: example.com/ mymodule"**

   o   Causa: O projeto não foi inicializado corretamente com go mod init.

   o   Solução: Rodar go mod init minhaapi antes de instalar dependências.

2. **Erro: "Port already in use" ao iniciar o servidor**

   o   Causa: Outra aplicação está rodando na porta **3000**.

   o   Solução: Alterar a porta para **3001** no método app.Listen(":3001").

3. **Erro: "EOF while parsing JSON body" ao enviar POST**

   o   Causa: O corpo da requisição não foi enviado corretamente como JSON.

   o   Solução: Garantir que a requisição inclui o cabeçalho Content-Type: application/json.

Boas práticas e otimização

Para maximizar a eficiência do Fiber, algumas práticas são recomendadas:

- **Utilizar middlewares para autenticação e segurança.**
- **Configurar logs detalhados para monitoramento.**
- **Implementar cache para otimizar consultas frequentes.**
- **Habilitar compressão de respostas para reduzir uso de banda.**

Fiber se consolida como uma das melhores opções para desenvolvimento web em Go, oferecendo alta performance, simplicidade e suporte a arquiteturas modernas. Aplicando boas práticas e explorando seus recursos avançados, é possível desenvolver APIs robustas, seguras e preparadas para produção.

CAPÍTULO 17 – LARAVEL (PHP)

Laravel é um **framework full-stack para desenvolvimento web em PHP**, conhecido por sua **simplicidade, elegância e produtividade**. Criado para facilitar a construção de **APIs, aplicações web e sistemas robustos**, ele adota o padrão **Model-View-Controller (MVC)** para organizar o código de maneira modular e reutilizável.

Diferente de frameworks minimalistas, Laravel já vem com uma infraestrutura completa para autenticação, roteamento, manipulação de banco de dados, cache e segurança. Seu objetivo é reduzir a complexidade do desenvolvimento, permitindo que os programadores foquem na lógica de negócio ao invés de perder tempo configurando o ambiente.

A filosofia do Laravel se baseia em três princípios:
- **Simplicidade** – Facilita a escrita de código limpo e bem estruturado.
- **Eficiência** – Integração com banco de dados, filas e APIs de maneira intuitiva.
- **Segurança** – Proteção contra injeção de SQL, CSRF e ataques comuns na web.

Com suporte nativo a ORM (Eloquent), autenticação JWT, filas assíncronas e eventos, Laravel se tornou um dos frameworks mais populares para desenvolvimento backend escalável e seguro.

Instalação e configuração básica

Laravel pode ser instalado utilizando **Composer**, o gerenciador

de pacotes do PHP. O primeiro passo é garantir que PHP e Composer estejam instalados no sistema:
bash

```
composer create-project --prefer-dist laravel/laravel
minha_aplicacao
cd minha_aplicacao
php artisan serve
```

O servidor será iniciado na **porta 8000**, permitindo acessar a aplicação via http://127.0.0.1:8000/.

A estrutura do projeto Laravel inclui:

- **routes/** – Define as rotas da aplicação.
- **app/Models/** – Modelos de banco de dados.
- **app/Http/Controllers/** – Controladores que manipulam requisições.
- **database/migrations/** – Estruturas das tabelas do banco.
- **resources/views/** – Arquivos de template com Blade.

Para criar um controlador básico, basta executar:
bash

```
php artisan make:controller HomeController
```

Isso gera um arquivo HomeController.php, onde as ações podem ser definidas.

Principais recursos e diferenciais

Laravel traz um conjunto completo de funcionalidades que facilitam o desenvolvimento backend:

- **ORM Eloquent**: Manipulação de banco de dados orientada a objetos sem necessidade de SQL manual.
- **Roteamento flexível**: Definição de rotas e middleware para proteção de endpoints.
- **Autenticação integrada**: Suporte nativo a login,

permissões e autenticação JWT.

- **Filas assíncronas**: Processamento de tarefas em segundo plano para otimizar desempenho.
- **Sistema de templates Blade**: Separação entre lógica e visual da aplicação.
- **Testes automatizados**: Suporte a PHPUnit e Laravel Dusk para testes end-to-end.
- **Facilidade de integração**: Compatibilidade com Redis, MySQL, PostgreSQL e serviços de terceiros.

Esses recursos fazem do Laravel uma das opções mais completas para desenvolvimento de APIs e aplicações empresariais.

Casos de uso e quando escolher

Laravel é amplamente utilizado em **aplicações que exigem estrutura organizada, segurança e escalabilidade**. Alguns dos principais cenários incluem:

- **APIs RESTful**: Desenvolvimento de serviços backend para aplicações frontend e mobile.
- **E-commerce e marketplaces**: Controle de pedidos, pagamentos e usuários.
- **Sistemas administrativos e dashboards**: Gerenciamento de dados empresariais.
- **Aplicações SaaS**: Plataformas multiusuário com regras de acesso complexas.
- **Sistemas financeiros**: Segurança e controle de transações online.

Para projetos mais leves ou microframeworks, SlimPHP ou Lumen (versão reduzida do Laravel) podem ser opções mais eficientes.

Demonstração prática com código

A criação de uma API REST para gerenciamento de tarefas no Laravel segue o padrão **Model-View-Controller (MVC)**.

Criando o modelo de dados

O primeiro passo é gerar um modelo de Tarefa com a estrutura desejada:

bash

```
php artisan make:model Tarefa -m
```

Isso cria a entidade Tarefa e sua migração de banco em database/migrations/. O arquivo Tarefa.php pode ser definido como:

php

```
namespace App\Models;

use Illuminate\Database\Eloquent\Factories\HasFactory;
use Illuminate\Database\Eloquent\Model;

class Tarefa extends Model
{
    use HasFactory;

    protected $fillable = ['titulo', 'concluida'];
}
```

Criando um controlador para tarefas

Para gerenciar tarefas, um controlador pode ser criado com:
bash

```
php artisan make:controller TarefaController --resource
```

No arquivo TarefaController.php, os métodos para

manipulação são definidos:
php

```php
namespace App\Http\Controllers;

use App\Models\Tarefa;
use Illuminate\Http\Request;

class TarefaController extends Controller
{
    public function index()
    {
        return response()->json(Tarefa::all());
    }

    public function store(Request $request)
    {
        $tarefa = Tarefa::create($request->all());
        return response()->json($tarefa, 201);
    }

    public function update(Request $request, $id)
    {
        $tarefa = Tarefa::findOrFail($id);
        $tarefa->update($request->all());
        return response()->json($tarefa);
    }

    public function destroy($id)
    {
        Tarefa::destroy($id);
        return response()->json(null, 204);
    }
}
```

}

Definindo as rotas da API

No arquivo routes/api.php, as rotas podem ser definidas:
php

use App\Http\Controllers\TarefaController;

Route::apiResource('tarefas', TarefaController::class);

Isso disponibiliza os seguintes endpoints:

- **GET /tarefas** – Retorna todas as tarefas.
- **POST /tarefas** – Cria uma nova tarefa.
- **PUT /tarefas/{id}** – Atualiza uma tarefa.
- **DELETE /tarefas/{id}** – Exclui uma tarefa.

Erros comuns e como resolvê-los

1. **Erro: "Class 'App\Http\Controllers\Tarefa' not found"**

   - Causa: O namespace do modelo não foi importado corretamente.
   - Solução: Adicionar use App\Models\Tarefa; no início do controlador.

2. **Erro: "SQLSTATE[HY000]: No such table: tarefas"**

   - Causa: O banco de dados não foi migrado corretamente.
   - Solução: Executar php artisan migrate para criar as tabelas.

3. **Erro: "419 Page Expired" ao enviar um formulário**

   - Causa: Falha na validação do token CSRF.

- o   Solução: Adicionar @csrf nos formulários Blade ou desativar proteção para APIs com except no middleware.

Boas práticas e otimização

Para manter uma aplicação Laravel eficiente e escalável, algumas práticas são recomendadas:

- **Usar cache para melhorar performance** (Redis, Memcached).
- **Evitar carregamento excessivo de dados** utilizando paginate().
- **Implementar autenticação segura** com JWT ou Laravel Sanctum.
- **Utilizar Jobs e Queues** para processamento de tarefas em segundo plano.
- **Gerenciar permissões com Policies e Gates** para segurança granular.

Alternativas e frameworks concorrentes

Laravel compete diretamente com outros frameworks backend populares:

- **Symfony (PHP)**: Mais modular, adequado para aplicações corporativas.
- **Django (Python)**: Estrutura full-stack semelhante, porém com Python.
- **Express.js (Node.js)**: Alternativa minimalista para desenvolvimento rápido de APIs.
- **Spring Boot (Java)**: Voltado para aplicações empresariais robustas.

Laravel se destaca como uma das melhores opções para desenvolvimento web e APIs, combinando simplicidade, escalabilidade e uma infraestrutura completa. Aplicando boas práticas e explorando seus recursos avançados, é possível desenvolver sistemas rápidos, seguros e preparados para produção.

MÓDULO 3: FRAMEWORKS PARA APIS E GRAPHQL – COMUNICAÇÃO ENTRE SISTEMAS

O desenvolvimento de **APIs modernas** se tornou um pilar essencial para a integração entre aplicações, permitindo a comunicação eficiente entre diferentes sistemas e serviços. Neste módulo, exploramos **frameworks especializados na criação de APIs RESTful, GraphQL e RPC**, analisando suas características, benefícios e diferenças em relação às abordagens tradicionais.

Os frameworks abordados neste módulo foram selecionados com base em **desempenho, escalabilidade e facilidade de implementação**, permitindo que desenvolvedores escolham a melhor solução para suas necessidades. A evolução das APIs vai além do modelo REST tradicional, abrangendo novas tecnologias como **GraphQL e RPC (Remote Procedure Call)**, que oferecem maior flexibilidade na requisição e manipulação de dados.

O primeiro conjunto de frameworks apresentados são **Apollo GraphQL, Hasura e GraphQL Yoga**, que representam o **novo paradigma de APIs baseadas em GraphQL**. Essas soluções permitem que clientes façam consultas personalizadas, buscando exatamente os dados necessários, sem a rigidez dos endpoints REST tradicionais.

Na sequência, exploramos **tRPC e LoopBack**, frameworks que oferecem soluções híbridas entre REST e RPC, facilitando a construção de **APIs fortemente tipadas e escaláveis**. Essas tecnologias permitem um maior controle sobre as operações entre backend e frontend, promovendo integrações eficientes e segurança na manipulação de dados.

Além disso, o módulo inclui **FastAPI (Python) e Hapi.js**, dois dos frameworks mais robustos para a criação de APIs RESTful de alto desempenho. Enquanto **FastAPI se destaca pela sua velocidade e suporte nativo a async/await**, **Hapi.js** oferece uma abordagem modular e segura para desenvolvimento backend em JavaScript.

Este módulo fornece uma visão abrangente das tecnologias mais modernas para comunicação entre sistemas, detalhando cada framework com instalação prática, exemplos de código, comparação entre alternativas e diretrizes para otimização de performance e segurança. Ao concluir, você estará capacitado para escolher a melhor abordagem para a criação de APIs escaláveis e eficientes, alinhadas às necessidades do mercado.

CAPÍTULO 18 – APOLLO GRAPHQL

Apollo GraphQL é um **framework para criação e consumo de APIs GraphQL**, oferecendo uma solução **flexível, eficiente e escalável** para comunicação entre clientes e servidores. Desenvolvido para substituir as limitações do modelo REST, Apollo permite que aplicações requisitem **exatamente os dados necessários**, otimizando a performance e reduzindo a sobrecarga da rede.

O GraphQL, criado pelo Facebook, introduziu uma nova abordagem na interação entre frontend e backend, permitindo consultas dinâmicas e retorno de dados estruturados conforme a necessidade do cliente. O Apollo GraphQL se destaca como a implementação mais robusta dessa tecnologia, trazendo ferramentas avançadas para cache, manipulação de estados e gerenciamento de requisições assíncronas.

Seus principais objetivos incluem:

- **Melhorar a eficiência do tráfego de dados** ao permitir consultas flexíveis.
- **Facilitar a composição e agregação de dados** de múltiplas fontes.
- **Reduzir a complexidade do backend** ao oferecer um único endpoint para todas as consultas.
- **Fornecer um ecossistema completo** para clientes e servidores GraphQL.

Apollo GraphQL é amplamente utilizado em aplicações web, mobile e microsserviços, garantindo comunicação eficiente entre múltiplos serviços e clientes.

Instalação e configuração básica

Para instalar o Apollo Server e iniciar um servidor GraphQL, é necessário ter Node.js instalado. A instalação pode ser feita via npm ou yarn:

bash

```
npm install @apollo/server graphql
```

Ou utilizando Yarn:

bash

```
yarn add @apollo/server graphql
```

Após a instalação, um **servidor GraphQL básico** pode ser iniciado com o seguinte código:

javascript

```
import { ApolloServer } from "@apollo/server";
import { startStandaloneServer } from "@apollo/server/
standalone";

const typeDefs = `
  type Query {
    saudacao: String
  }
`;

const resolvers = {
  Query: {
    saudacao: () => "Olá, Apollo GraphQL!",
  },
};
```

```
const server = new ApolloServer({ typeDefs, resolvers });

startStandaloneServer(server, { listen: { port:
4000 } }).then(({ url }) => {
  console.log(`Servidor Apollo GraphQL rodando em ${url}`);
});
```

Executando o arquivo, o servidor GraphQL será iniciado na **porta 4000**, permitindo consultas no **GraphQL Playground** via http://localhost:4000.

Uma consulta simples pode ser feita diretamente no **Playground**:
graphql

```
query {
  saudacao
}
```

O servidor responderá com:
json

```
{
  "data": {
    "saudacao": "Olá, Apollo GraphQL!"
  }
}
```

Essa configuração inicial permite entender como o Apollo GraphQL processa requisições e organiza os dados no backend.

Principais recursos e diferenciais

Apollo GraphQL se destaca por um conjunto robusto de funcionalidades, otimizadas para desenvolvimento eficiente e escalável de APIs GraphQL:

- **Schema centralizado**: Um único ponto de entrada para todas as requisições da API.
- **Consultas dinâmicas**: Os clientes requisitam apenas os dados necessários, reduzindo consumo de rede.
- **Suporte a Subscriptions**: Comunicação em tempo real com WebSockets.
- **Persistência de cache**: Integração com Apollo Client para otimizar chamadas repetitivas.
- **Suporte a microsserviços**: Composição de esquemas GraphQL distribuídos.
- **Validação de consultas**: Prevenção contra requisições excessivas ou não autorizadas.
- **Ferramentas de monitoramento**: Apollo Studio e Apollo Gateway para análise de performance.

Com essas funcionalidades, Apollo GraphQL se torna uma solução estratégica para empresas que buscam otimizar APIs e melhorar a experiência do usuário.

Casos de uso e quando escolher

Apollo GraphQL é ideal para projetos que exigem eficiência na manipulação de dados e flexibilidade na comunicação entre cliente e servidor. Alguns dos principais casos de uso incluem:

- **APIs para aplicações frontend modernas**: Redução de múltiplas chamadas REST.
- **Integração entre microsserviços**: Unificação de dados distribuídos em um único endpoint.
- **Sistemas que exigem respostas dinâmicas**: Como dashboards interativos e aplicações SaaS.
- **Plataformas mobile**: Redução do tráfego de rede ao consumir somente os dados necessários.
- **Aplicações de tempo real**: Uso de **subscriptions** para notificações, chats e atualizações dinâmicas.

Para sistemas que exigem execução extremamente rápida e menor complexidade, soluções como REST APIs tradicionais ou gRPC podem ser mais adequadas.

Demonstração prática com código

A construção de uma API GraphQL completa com Apollo pode incluir manipulação de banco de dados, autenticação e validação de permissões.

Criando um esquema GraphQL para tarefas

O primeiro passo é definir um **schema** que represente as operações disponíveis na API:

javascript

```javascript
const typeDefs = `
  type Tarefa {
    id: ID!
    titulo: String!
    concluida: Boolean!
  }

  type Query {
    listarTarefas: [Tarefa]
  }

  type Mutation {
    adicionarTarefa(titulo: String!): Tarefa
  }
`;
```

Criando resolvers para manipulação dos dados

Os resolvers são responsáveis por executar as operações GraphQL:

javascript

```javascript
const tarefas = [];

const resolvers = {
  Query: {
    listarTarefas: () => tarefas,
  },
  Mutation: {
    adicionarTarefa: (_, { titulo }) => {
      const novaTarefa = { id: tarefas.length + 1, titulo,
concluida: false };
      tarefas.push(novaTarefa);
      return novaTarefa;
    },
  },
};
```

Iniciando o servidor Apollo GraphQL

javascript

```javascript
const server = new ApolloServer({ typeDefs, resolvers });

startStandaloneServer(server, { listen: { port:
4000 } }).then(({ url }) => {
  console.log(`Servidor Apollo GraphQL rodando em ${url}`);
});
```

Realizando consultas e mutações

Uma consulta para listar todas as tarefas:

graphql

```graphql
query {
  listarTarefas {
```

```
    id
    titulo
    concluida
  }
}
```

Criando uma nova tarefa via **mutation**:
graphql

```
mutation {
  adicionarTarefa(titulo: "Aprender GraphQL") {
    id
    titulo
    concluida
  }
}
```

Essas operações demonstram como Apollo GraphQL gerencia estados de forma eficiente, permitindo maior flexibilidade no consumo dos dados.

Erros comuns e como resolvê-los
1. **Erro: "Cannot query field on type Query"**

- Causa: O campo consultado não existe no schema.
- Solução: Verificar se o campo foi corretamente definido no typeDefs.
2. **Erro: "Network error: Failed to fetch" no Apollo Client**

- Causa: O servidor GraphQL não está acessível.
- Solução: Garantir que o servidor Apollo está rodando na porta correta.

3. **Erro: "Syntax Error: Unexpected Name"**

○   Causa: Sintaxe incorreta na consulta GraphQL.
○   Solução: Revisar a estrutura da query para garantir conformidade com GraphQL.

Boas práticas e otimização

Para garantir desempenho e segurança na API Apollo GraphQL, algumas práticas são recomendadas:

- **Implementar autenticação e autorização** para proteger endpoints sensíveis.
- **Habilitar cache no Apollo Client** para reduzir consultas desnecessárias.
- **Usar paginadores para evitar retorno excessivo de dados**.
- **Monitorar consultas com Apollo Studio** para otimização de performance.
- **Utilizar persistência no banco de dados** para maior confiabilidade dos dados.

Apollo GraphQL se consolida como uma das melhores soluções para APIs flexíveis e escaláveis, combinando desempenho, estrutura modular e integração simplificada com diversas tecnologias. Aplicando boas práticas e explorando seus recursos avançados, é possível construir sistemas modernos e altamente eficientes.

CAPÍTULO 19 – HASURA

Hasura é um **motor GraphQL de alto desempenho**, projetado para fornecer uma camada de API instantânea sobre bancos de dados **PostgreSQL, MySQL e SQL Server**. Ele permite a **criação automática de endpoints GraphQL** sem necessidade de escrever código manualmente, acelerando o desenvolvimento de APIs seguras, escaláveis e em tempo real.

Diferente de outros frameworks GraphQL, que exigem a definição manual de schemas e resolvers, Hasura gera automaticamente consultas, mutações e subscriptions com base na estrutura do banco de dados. Isso reduz significativamente o tempo de desenvolvimento, tornando-se uma solução ideal para aplicações modernas, microsserviços e arquiteturas serverless.

Seus principais objetivos incluem:

- **Automatizar a criação de APIs GraphQL** sem necessidade de escrever resolvers manualmente.
- **Fornecer um mecanismo eficiente para autenticação e controle de acesso**.
- **Facilitar a integração com fontes de dados externas, como REST APIs e serviços de terceiros**.
- **Habilitar consultas em tempo real** via **subscriptions** para aplicações interativas.

Hasura é amplamente adotado em aplicações SaaS, dashboards analíticos e plataformas que exigem integração rápida com bancos de dados.

Instalação e configuração básica

Hasura pode ser executado localmente, em containers Docker ou em serviços cloud. A forma mais rápida de iniciar um servidor Hasura é utilizando Docker:

bash

```
docker run -d -p 8080:8080 \
  -e HASURA_GRAPHQL_DATABASE_URL=postgres://
usuario:senha@host:5432/nome_banco \
  -e HASURA_GRAPHQL_ENABLE_CONSOLE=true \
  hasura/graphql-engine:v2.14.0
```

Esse comando:

- **Inicia um servidor Hasura na porta 8080.**
- **Conecta-se a um banco de dados PostgreSQL.**
- **Habilita o painel administrativo (Hasura Console).**

Após iniciar o container, o **Hasura Console** estará disponível em:

arduino

```
http://localhost:8080
```

Com a interface web, é possível visualizar, modificar e consultar o banco de dados diretamente via GraphQL, sem necessidade de configurar manualmente os endpoints.

Principais recursos e diferenciais

Hasura se diferencia por sua capacidade de transformar instantaneamente bancos de dados relacionais em APIs GraphQL otimizadas. Entre seus principais recursos, destacam-se:

- **Geração automática de APIs GraphQL**: A API é criada dinamicamente com base no banco de dados.
- **Mutações e queries otimizadas**: As operações são

construídas automaticamente, eliminando a necessidade de resolvers manuais.

- **Subscriptions em tempo real**: Suporte nativo para notificações automáticas via WebSockets.
- **Controle de acesso granular**: Permissões detalhadas por usuário e regras de acesso dinâmicas.
- **Execução eficiente de consultas**: Integração com mecanismos de cache e otimização de performance.
- **Compatibilidade com REST APIs**: Permite a combinação de GraphQL e REST no mesmo endpoint.
- **Suporte a microsserviços**: Comunicação eficiente entre serviços distribuídos.

Com essas funcionalidades, Hasura se posiciona como uma das soluções mais rápidas e escaláveis para desenvolvimento backend GraphQL.

Casos de uso e quando escolher

Hasura é indicado para projetos que necessitam de APIs GraphQL eficientes sem necessidade de desenvolvimento manual de resolvers. Alguns dos principais cenários incluem:

- **Aplicações SaaS**: Desenvolvimento rápido de APIs multiusuário.
- **Plataformas de análise de dados**: Construção de dashboards e relatórios dinâmicos.
- **APIs de tempo real**: Aplicações de monitoramento e notificações ao vivo.
- **Integração com microsserviços**: Comunicação eficiente entre bancos de dados e serviços REST.
- **Backends serverless**: Execução de consultas GraphQL em ambientes escaláveis.

Para aplicações que exigem personalização completa da API, frameworks como Apollo Server podem oferecer maior flexibilidade.

Demonstração prática com código

A API do Hasura pode ser testada diretamente no **Hasura Console**, gerando automaticamente os endpoints GraphQL com base nas tabelas do banco de dados.

Criando um modelo de banco de dados

Após conectar o Hasura ao PostgreSQL, é possível criar uma **tabela de tarefas** via Console:

sql

```sql
CREATE TABLE tarefas (
  id SERIAL PRIMARY KEY,
  titulo TEXT NOT NULL,
  concluida BOOLEAN DEFAULT FALSE
);
```

Essa tabela será automaticamente convertida em **queries e mutações GraphQL**.

Consultando dados com GraphQL

A API do Hasura permite recuperar todas as tarefas com a seguinte consulta:

graphql

```graphql
query {
  tarefas {
    id
    titulo
    concluida
  }
}
```

Criando uma nova tarefa via mutação

graphql

```
mutation {
  insert_tarefas(objects: { titulo: "Aprender Hasura", concluida:
false }) {
    returning {
      id
      titulo
      concluida
    }
  }
}
```

Atualizando uma tarefa existente

graphql

```
mutation {
  update_tarefas(where: { id: { _eq: 1 } }, _set: { concluida: true })
{
    returning {
      id
      titulo
      concluida
    }
  }
}
```

Deletando uma tarefa

graphql

```graphql
mutation {
  delete_tarefas(where: { id: { _eq: 1 } }) {
    returning {
      id
    }
  }
}
```

Ativando Subscriptions para notificações em tempo real
graphql

```graphql
subscription {
  tarefas {
    id
    titulo
    concluida
  }
}
```

Com isso, qualquer alteração no banco será refletida automaticamente nos clientes conectados.

Erros comuns e como resolvê-los
1. **Erro: "Failed to connect to database"**

   ○ Causa: Configuração incorreta do PostgreSQL.
   ○ Solução: Verificar se a string de conexão no HASURA_GRAPHQL_DATABASE_URL está correta.

2. **Erro: "Permission denied for table tarefas"**

   ○ Causa: Permissões não configuradas corretamente no Hasura Console.

- o   Solução: Definir regras de acesso nas configurações de permissão.

3. **Erro: "subscription field not found" ao executar uma Subscription**

- o   Causa: O banco de dados não suporta eventos em tempo real.
- o   Solução: Habilitar suporte a subscriptions e WebSockets no Hasura.

Boas práticas e otimização

Para garantir alta performance e segurança na API Hasura, algumas práticas devem ser adotadas:

- **Configurar cache para reduzir carga no banco de dados.**
- **Restringir permissões de acesso para proteger dados sensíveis.**
- **Utilizar WebSockets para atualizações em tempo real somente quando necessário.**
- **Monitorar logs e otimizar queries GraphQL** via Apollo Studio ou ferramentas de análise.
- **Habilitar suporte a Actions e Remote Schemas** para expandir funcionalidades além do banco de dados.

Alternativas e frameworks concorrentes

Hasura compete diretamente com outras soluções GraphQL e APIs REST tradicionais:

- **Apollo GraphQL**: Oferece maior flexibilidade e personalização dos resolvers.
- **Prisma + GraphQL Yoga**: Alternativa para integração manual com GraphQL.
- **Django Graphene**: Opção para projetos em Python que necessitam de GraphQL.
- **Express + REST APIs**: Para aplicações que ainda preferem um modelo REST tradicional.

Hasura se destaca como uma das opções mais rápidas e eficientes para desenvolvimento backend GraphQL, permitindo criar APIs robustas e escaláveis sem complexidade. Com geração automática de endpoints, controle granular de acessos e suporte a subscriptions, ele se consolida como uma das soluções mais produtivas para construção de microsserviços modernos.

CAPÍTULO 20 – GRAPHQL YOGA

GraphQL Yoga é um **framework leve e altamente otimizado** para construção de servidores GraphQL em **Node.js e TypeScript**. Criado para oferecer **simplicidade, eficiência e compatibilidade** com qualquer ambiente, ele se destaca como uma das soluções mais fáceis para iniciar rapidamente uma API GraphQL.

Diferente de outras implementações, GraphQL Yoga foi projetado para funcionar sem necessidade de configuração complexa, fornecendo uma experiência pronta para uso. Ele é baseado no GraphQL.js (biblioteca oficial do GraphQL), garantindo alta compatibilidade com o ecossistema GraphQL e permitindo integrações com Express.js, Fastify e até mesmo Serverless Functions.

Seus principais objetivos incluem:

- **Fornecer uma API GraphQL otimizada e sem complexidade**
- **Garantir compatibilidade com qualquer framework web**
- **Oferecer suporte nativo a assinaturas (subscriptions)**
- **Facilitar a criação de servidores GraphQL escaláveis e de alta performance**

GraphQL Yoga é amplamente utilizado em microsserviços, aplicações frontend modernas e sistemas que precisam de GraphQL de maneira simplificada.

Instalação e configuração básica

GraphQL Yoga pode ser instalado diretamente em projetos

Node.js ou TypeScript utilizando **npm** ou **yarn**:
bash

npm install graphql-yoga graphql

Ou com **yarn**:
bash

yarn add graphql-yoga graphql

Após a instalação, um servidor básico pode ser iniciado com:
javascript

```javascript
import { createServer } from "graphql-yoga";

const typeDefs = `
  type Query {
    saudacao: String
  }
`;

const resolvers = {
  Query: {
    saudacao: () => "Olá, GraphQL Yoga!",
  },
};

const server = createServer({ schema: { typeDefs, resolvers } });

server.start(() => {
  console.log("Servidor GraphQL Yoga rodando na porta 4000");
});
```

O servidor GraphQL Yoga será iniciado na **porta 4000**, pronto para receber requisições via **GraphQL Playground** (http://localhost:4000).

Uma consulta simples pode ser feita para testar o servidor:
graphql

```
query {
  saudacao
}
```

A resposta retornada será:
json

```
{
  "data": {
    "saudacao": "Olá, GraphQL Yoga!"
  }
}
```

Tal configuração inicial permite entender como o GraphQL Yoga processa requisições GraphQL e fornece respostas otimizadas.

Principais recursos e diferenciais

GraphQL Yoga se destaca por um conjunto de funcionalidades projetadas para oferecer **desempenho, flexibilidade e escalabilidade**. Entre seus principais recursos estão:

- **Suporte nativo a subscriptions** via WebSockets para comunicação em tempo real
- **Compatibilidade com qualquer framework Node.js**, incluindo Express.js, Fastify e Serverless
- **Performance otimizada com execução assíncrona e manipulação eficiente de consultas**

- **Suporte a middlewares para controle de autenticação e autorização**
- **Facilidade na integração com bancos de dados e serviços externos**
- **Zero configuração inicial**, permitindo iniciar uma API GraphQL com poucas linhas de código

Esses recursos fazem do GraphQL Yoga uma das opções mais simples e poderosas para criação de APIs GraphQL.

Casos de uso e quando escolher

GraphQL Yoga é ideal para projetos que precisam de APIs GraphQL flexíveis e fáceis de configurar. Alguns dos principais casos de uso incluem:

- **APIs backend para aplicações frontend modernas** que utilizam React, Vue.js ou Angular
- **Microsserviços e integrações de backend** para arquiteturas distribuídas
- **Sistemas de tempo real** que precisam de subscriptions via WebSockets
- **APIs serverless para cloud computing** em plataformas como AWS Lambda e Google Cloud Functions
- **Protótipos e aplicações de rápido desenvolvimento**, onde a configuração mínima é essencial

Para aplicações que exigem maior controle sobre os resolvers e lógica interna, frameworks como Apollo Server podem ser mais adequados.

Demonstração prática com código

A construção de uma API GraphQL completa com GraphQL Yoga envolve definição de schema, resolvers e integração com dados dinâmicos.

Criando um esquema GraphQL para tarefas

O primeiro passo é definir um **schema GraphQL** que representa a estrutura dos dados:

javascript

```
const typeDefs = `
  type Tarefa {
    id: ID!
    titulo: String!
    concluida: Boolean!
  }

  type Query {
    listarTarefas: [Tarefa]
  }

  type Mutation {
    adicionarTarefa(titulo: String!): Tarefa
  }

  type Subscription {
    novaTarefa: Tarefa
  }
`;
```

Criando resolvers para manipulação dos dados

Os resolvers são responsáveis por **executar as operações GraphQL** e retornar os dados solicitados:

javascript

```
const tarefas = [];
const { PubSub } = require("graphql-yoga");
```

```javascript
const pubsub = new PubSub();

const resolvers = {
  Query: {
    listarTarefas: () => tarefas,
  },
  Mutation: {
    adicionarTarefa: (_, { titulo }) => {
      const novaTarefa = { id: tarefas.length + 1, titulo,
concluida: false };
      tarefas.push(novaTarefa);
      pubsub.publish("NOVA_TAREFA", { novaTarefa });
      return novaTarefa;
    },
  },
  Subscription: {
    novaTarefa: {
      subscribe: () => pubsub.asyncIterator("NOVA_TAREFA"),
    },
  },
};
```

Iniciando o servidor GraphQL Yoga

javascript

```javascript
const server = createServer({ schema: { typeDefs, resolvers } });

server.start(() => {
  console.log("Servidor GraphQL Yoga rodando na porta
4000");
});
```

Executando consultas e mutações

Uma consulta para listar todas as tarefas:

graphql

```
query {
  listarTarefas {
    id
    titulo
    concluida
  }
}
```

Criando uma nova tarefa via **mutation**:

graphql

```
mutation {
  adicionarTarefa(titulo: "Aprender GraphQL Yoga") {
    id
    titulo
    concluida
  }
}
```

Ativando uma **subscription** para receber atualizações em tempo real:

graphql

```
subscription {
  novaTarefa {
    id
    titulo
    concluida
```

```
    }
}
```

Com essa estrutura, qualquer nova tarefa adicionada será automaticamente enviada para todos os clientes conectados.

Erros comuns e como resolvê-los
1. Erro: "Cannot query field on type Query"

- Causa: O campo consultado não está definido no typeDefs.
- Solução: Verificar se o campo está corretamente declarado e escrito.

2. Erro: "Network error: Failed to fetch" no cliente GraphQL

- Causa: O servidor GraphQL não está acessível.
- Solução: Garantir que o servidor Yoga está rodando na porta correta.

3. Erro: "Subscription field not found" ao tentar usar subscriptions

- Causa: WebSockets não estão habilitados.
- Solução: Configurar corretamente o PubSub e habilitar suporte a WebSockets no servidor.

Boas práticas e otimização

Para manter um servidor GraphQL Yoga eficiente e seguro, algumas práticas são recomendadas:

- **Implementar autenticação e autorização** para restringir acesso a consultas sensíveis
- **Utilizar paginadores para evitar retorno excessivo de dados** em consultas
- **Monitorar logs de requisições** para identificar gargalos e

otimizar consultas

- **Ativar compressão de respostas** para melhorar a performance da API
- **Utilizar cache para reduzir carga no servidor e acelerar respostas**

Alternativas e frameworks concorrentes

GraphQL Yoga concorre com diversas implementações GraphQL, incluindo:

- **Apollo Server**: Oferece maior controle sobre resolvers e estado da API
- **Hasura**: API GraphQL instantânea sobre bancos de dados relacionais
- **Express + GraphQL.js**: Configuração manual para maior personalização

GraphQL Yoga é uma das opções mais simples, eficientes e escaláveis para criação de servidores GraphQL, oferecendo desempenho otimizado e integração fácil com qualquer tecnologia web moderna.

CAPÍTULO 21 – TRPC

tRPC é um **framework para comunicação segura entre frontend e backend**, projetado para eliminar a necessidade de escrever código manualmente para consumir APIs. Ele permite **chamadas de procedimento remoto (RPC) fortemente tipadas**, garantindo que os tipos do **TypeScript** sejam compartilhados entre o backend e o frontend sem necessidade de geração de código ou schemas adicionais.

Diferente de GraphQL ou REST, que exigem a definição de endpoints e estrutura de dados manualmente, o tRPC utiliza tipagem inferida diretamente do código do servidor, assegurando que o cliente sempre sabe quais dados pode solicitar e com segurança total em tempo de compilação.

Seus principais objetivos incluem:

- **Eliminar código boilerplate** na comunicação entre cliente e servidor.
- **Fornecer segurança de tipos em tempo de compilação** para evitar erros em chamadas de API.
- **Garantir uma experiência fluida para desenvolvedores TypeScript**.
- **Facilitar a construção de aplicações escaláveis** sem necessidade de um servidor GraphQL ou REST tradicional.

O tRPC é amplamente adotado em aplicações que utilizam TypeScript full-stack, como Next.js, React e Node.js, garantindo uma experiência fluida de desenvolvimento.

Instalação e configuração básica

O tRPC pode ser instalado e configurado facilmente em um ambiente Node.js + TypeScript. Para começar, instale os pacotes necessários:

bash

```
npm install @trpc/server @trpc/client @trpc/react @trpc/next zod
```

O pacote @trpc/server é usado no backend, enquanto @trpc/client e @trpc/react fornecem integração com o frontend. O Zod é utilizado para validação e definição de tipos, garantindo segurança nos dados enviados.

Criando o servidor tRPC

Um servidor básico pode ser configurado usando **Express.js** e **tRPC** da seguinte forma:

typescript

```typescript
import express from "express";
import { initTRPC } from "@trpc/server";
import { z } from "zod";

const t = initTRPC.create();

// Definição do router
const appRouter = t.router({
  saudacao: t.procedure
    .input(z.string().optional())
    .query(({ input }) => `Olá, ${input || "mundo"}!`),
});

export type AppRouter = typeof appRouter;

const app = express();
```

```
app.use("/trpc", (req, res) => {
  return appRouter.createCaller({}).saudacao("Usuário");
});

app.listen(4000, () => {
  console.log("Servidor tRPC rodando na porta 4000");
});
```

Com esse código, um servidor tRPC estará rodando na porta 4000, pronto para receber requisições do frontend sem necessidade de definir endpoints REST ou GraphQL manualmente.

Principais recursos e diferenciais

tRPC se diferencia por sua abordagem inovadora na comunicação entre backend e frontend, removendo a complexidade da criação de APIs. Entre seus principais recursos estão:

- **Inferência automática de tipos**: Sem necessidade de definir schemas JSON ou GraphQL.
- **Zero boilerplate**: Elimina a necessidade de criar controladores REST ou resolvers GraphQL.
- **Validação de entrada e saída** com suporte nativo ao **Zod**.
- **Suporte a chamadas assíncronas** e WebSockets para comunicação em tempo real.
- **Compatibilidade com Next.js, React, Vue.js e qualquer framework frontend**.
- **Escalabilidade para aplicações complexas** sem necessidade de um backend GraphQL.

Esses recursos fazem do tRPC uma das soluções mais eficientes para comunicação entre cliente e servidor em projetos TypeScript modernos.

Casos de uso e quando escolher

O tRPC é ideal para **projetos que utilizam TypeScript full-stack**, permitindo integração fluida entre frontend e backend. Alguns dos principais casos de uso incluem:

- **Aplicações Next.js**: O tRPC se integra nativamente ao Next.js sem necessidade de API externa.
- **APIs internas para microsserviços**: Comunicação segura entre diferentes partes do sistema.
- **Aplicações com foco em developer experience**: Redução do tempo de desenvolvimento e manutenção.
- **Sistemas que exigem alta segurança de tipos**: Validação automática de chamadas de API.
- **Alternativa a GraphQL para aplicações TypeScript**: Menos complexidade sem necessidade de um servidor GraphQL dedicado.

Para aplicações que exigem compatibilidade com múltiplas linguagens, soluções como GraphQL, gRPC ou REST podem ser mais adequadas.

Demonstração prática com código

A construção de um sistema completo utilizando tRPC + React envolve definição de procedimentos backend e consumo de dados no frontend.

Criando um router tRPC para gerenciamento de tarefas

typescript

```
const tarefasRouter = t.router({
  listar: t.procedure.query(() => [
    { id: 1, titulo: "Aprender tRPC", concluida: false },
    { id: 2, titulo: "Criar API segura", concluida: true },
  ]),
```

```typescript
adicionar: t.procedure
  .input(z.object({ titulo: z.string() }))
  .mutation(({ input }) => ({
    id: Math.random(),
    titulo: input.titulo,
    concluida: false,
  })),
});
```

Consumindo a API no frontend com React

typescript

```typescript
import { trpc } from "../utils/trpc";

const ListaTarefas = () => {
  const { data, isLoading } = trpc.tarefas.listar.useQuery();

  if (isLoading) return <p>Carregando...</p>;

  return (
    <ul>
      {data?.map((tarefa) => (
        <li key={tarefa.id}>{tarefa.titulo}</li>
      ))}
    </ul>
  );
};
```

Adicionando uma nova tarefa no frontend

typescript

```
const AdicionarTarefa = () => {
  const mutation = trpc.tarefas.adicionar.useMutation();

  const adicionar = () => {
    mutation.mutate({ titulo: "Nova tarefa" });
  };

  return <button onClick={adicionar}>Adicionar</button>;
};
```

Com essa configuração, a aplicação consegue consumir e modificar os dados no backend utilizando segurança total dos tipos TypeScript.

Erros comuns e como resolvê-los
1. Erro: "Cannot query field on type Query"

- Causa: O campo consultado não foi definido no router do tRPC.
- Solução: Verificar se o método está registrado corretamente no backend.

2. Erro: "Failed to fetch" no frontend

- Causa: O backend tRPC não está rodando.
- Solução: Certificar-se de que o servidor está iniciado na porta correta.

3. Erro: "Invalid input" ao chamar uma mutação

- Causa: Os dados enviados não seguem o schema definido no z.object().
- Solução: Verificar se os dados enviados correspondem ao modelo esperado.

Boas práticas e otimização

Para garantir alta performance e segurança no uso do tRPC, algumas boas práticas são recomendadas:

- **Utilizar** zod **para validação de dados** e evitar erros inesperados.
- **Configurar permissões para restringir acesso a procedimentos sensíveis.**
- **Habilitar cache para otimizar consultas frequentes.**
- **Integrar WebSockets para notificações em tempo real.**
- **Monitorar logs de chamadas para identificar possíveis gargalos de performance.**

Alternativas e frameworks concorrentes

tRPC se diferencia de outras soluções tradicionais para comunicação backend/frontend:

- **GraphQL (Apollo, Yoga)**: Requer definição manual de resolvers e schemas, enquanto tRPC infere tipos automaticamente.
- **REST APIs tradicionais**: Necessitam da definição de rotas e controllers, enquanto tRPC reduz a complexidade.
- **gRPC**: Oferece alto desempenho para múltiplas linguagens, mas é mais complexo que tRPC para aplicações TypeScript.

Com segurança de tipos, experiência de desenvolvimento simplificada e eliminação de código boilerplate, tRPC se consolida como a melhor solução para comunicação eficiente entre backend e frontend em aplicações TypeScript full-stack.

CAPÍTULO 22 – LOOPBACK

LoopBack é um **framework para desenvolvimento de APIs escaláveis em Node.js**, projetado para **facilitar a criação de aplicações backend com integração simplificada a bancos de dados, autenticação e geração automática de APIs RESTful e GraphQL**. Criado inicialmente pela StrongLoop e agora mantido pela OpenJS Foundation, LoopBack é amplamente utilizado em sistemas empresariais devido à sua estrutura modular, suporte a microsserviços e facilidade na conexão com diversas fontes de dados.

Diferente de frameworks minimalistas como Express.js, LoopBack oferece um ambiente completo para desenvolvimento backend, permitindo criação automática de endpoints com base em modelos de dados. Seu principal objetivo é reduzir o tempo de desenvolvimento, fornecendo uma arquitetura que elimina a necessidade de escrever código repetitivo para APIs.

Seus benefícios incluem:

- **Modelagem automática de dados** baseada em esquemas TypeScript ou JSON.
- **Criação dinâmica de APIs** sem necessidade de definir manualmente endpoints REST.
- **Suporte nativo a GraphQL** para consultas flexíveis.
- **Gerenciamento de usuários e autenticação embutida**.
- **Compatibilidade com SQL, NoSQL e outras fontes de dados**.

LoopBack é amplamente utilizado por empresas que

buscam um framework robusto para microsserviços, APIs empresariais e aplicações backend que precisam de escalabilidade e flexibilidade.

Instalação e configuração básica

LoopBack pode ser instalado globalmente via **npm** para facilitar a criação de novos projetos:
bash

```
npm install -g @loopback/cli
```

Após a instalação, um novo projeto pode ser iniciado com:
bash

```
lb4 app minha-api
cd minha-api
npm start
```

O comando **lb4 app** inicializa um projeto completo, incluindo configuração básica, estrutura de diretórios e suporte a TypeScript.

A estrutura gerada inclui:

- **src/models/** – Definição dos modelos de dados.
- **src/repositories/** – Gerenciamento de acesso ao banco de dados.
- **src/controllers/** – Lógica de negócios e endpoints da API.
- **src/datasources/** – Conexão com bancos de dados.

Com o servidor em execução, os endpoints da API podem ser acessados via Swagger UI no endereço:
bash

```
http://localhost:3000/explorer
```

Principais recursos e diferenciais

LoopBack se destaca pela sua abordagem **modular e escalável** para desenvolvimento backend, trazendo funcionalidades que reduzem a complexidade na criação de APIs. Seus principais recursos incluem:

- **Criação automática de APIs RESTful** com base em modelos de dados.
- **Suporte nativo a GraphQL** sem necessidade de configuração extra.
- **Sistema de autenticação e controle de acesso embutido** com JWT e OAuth.
- **Conectores para bancos de dados SQL e NoSQL** (MySQL, PostgreSQL, MongoDB, Redis).
- **Integração com serviços externos** como REST APIs, SOAP e gRPC.
- **Gerenciamento de permissões por usuários e funções.**
- **Extensibilidade com middlewares e microsserviços.**

Essas características fazem do LoopBack uma das opções mais completas para desenvolvimento backend, oferecendo um ambiente produtivo para criar APIs robustas com rapidez.

Casos de uso e quando escolher

LoopBack é ideal para projetos que exigem desenvolvimento rápido de APIs escaláveis e conexão com múltiplas fontes de dados. Seus principais casos de uso incluem:

- **Sistemas empresariais** que precisam de APIs modulares para integração entre serviços.
- **Plataformas SaaS** com suporte a múltiplos bancos de dados e autenticação segura.
- **Desenvolvimento de microsserviços** para arquiteturas distribuídas.
- **Aplicações que exigem controle avançado de usuários e permissões.**
- **APIs backend para aplicações móveis e web.**

Se o objetivo for criar uma API minimalista sem necessidade de recursos avançados, frameworks como **Express.js** ou **Fastify** podem ser mais adequados.

Demonstração prática com código

A criação de um modelo de dados no LoopBack pode ser feita rapidamente usando a CLI. Para criar um modelo de **Tarefas**, execute:

bash

```
lb4 model
```

Ao ser solicitado, forneça as seguintes informações:

- **Nome do modelo:** Tarefa
- **Atributos:**
    - id: number (Primary Key)
    - titulo: string
    - concluida: boolean

Isso criará um arquivo em **src/models/tarefa.model.ts**:

typescript

```
import {Entity, model, property} from '@loopback/repository';

@model()
export class Tarefa extends Entity {
  @property({
    type: 'number',
    id: true,
    generated: true,
  })
  id: number;

  @property({
```

```
    type: 'string',
    required: true,
  })
  titulo: string;

  @property({
    type: 'boolean',
    default: false,
  })
  concluida: boolean;
}
```

Criando um repositório para acesso ao banco de dados

Para criar um repositório que gerencie a persistência dos dados, utilize:

bash

```
lb4 repository
```

Selecione TarefaRepository e vincule a um banco de dados. Isso criará um arquivo em src/repositories/tarefa.repository.ts:

typescript

```
import {DefaultCrudRepository} from '@loopback/repository';
import {Tarefa} from '../models';
import {inject} from '@loopback/core';
import {DbDataSource} from '../datasources';

export class TarefaRepository extends
DefaultCrudRepository<
  Tarefa,
  typeof Tarefa.prototype.id
> {
```

```typescript
  constructor(@inject('datasources.db') dataSource:
DbDataSource) {
    super(Tarefa, dataSource);
  }
}
```

Criando um controlador para expor a API REST

Por fim, a API pode ser criada automaticamente com:
bash

```bash
lb4 controller
```

Selecionando TarefaController, um controlador será gerado para expor os endpoints REST:
typescript

```typescript
import {repository} from '@loopback/repository';
import {TarefaRepository} from '../repositories';
import {post, get, requestBody} from '@loopback/rest';
import {Tarefa} from '../models';

export class TarefaController {
  constructor(
    @repository(TarefaRepository)
    public tarefaRepo: TarefaRepository,
  ) {}

  @post('/tarefas')
  async criar(@requestBody() tarefa: Tarefa) {
    return this.tarefaRepo.create(tarefa);
  }

  @get('/tarefas')
```

```
async listar() {
  return this.tarefaRepo.find();
  }
}
```

Executando o servidor, os endpoints estarão disponíveis automaticamente:

- **POST /tarefas** – Criar uma nova tarefa
- **GET /tarefas** – Listar todas as tarefas

Assim, permite-se criar APIs RESTful sem necessidade de escrever código manualmente.

Erros comuns e como resolvê-los

1. Erro: "Datasource not found"

- Causa: O banco de dados não foi configurado corretamente.
- Solução: Configurar o arquivo datasources/db.datasource.ts corretamente.

2. Erro: "Validation failed" ao tentar criar um registro

- Causa: O objeto enviado não segue o modelo esperado.
- Solução: Verificar se os atributos enviados correspondem aos definidos no Tarefa.model.ts.

3. Erro: "Access denied" ao acessar um endpoint

- Causa: Permissões de acesso não configuradas.
- Solução: Definir regras de autenticação para cada rota no TarefaController.ts.

Boas práticas e otimização

Para garantir **performance e segurança**, algumas práticas são recomendadas:

- **Utilizar cache para otimizar consultas frequentes.**
- **Implementar autenticação JWT para proteger endpoints sensíveis.**
- **Monitorar logs e métricas de performance** via LoopBack Observer.
- **Utilizar middlewares para validação de dados e permissões.**

Alternativas e frameworks concorrentes

LoopBack concorre diretamente com frameworks como:

- **NestJS** – Maior flexibilidade, mas exige configuração manual dos modelos e endpoints.
- **FastAPI (Python)** – Alternativa para quem deseja performance e desenvolvimento rápido.
- **Express.js** – Framework mais simples, sem suporte nativo a modelos e autenticação.

LoopBack se destaca como uma das soluções mais completas para desenvolvimento backend, eliminando a necessidade de código repetitivo e permitindo criação rápida de APIs robustas.

CAPÍTULO 23 – FASTAPI (PYTHON)

FastAPI é um **framework web de alto desempenho para desenvolvimento de APIs RESTful e GraphQL com Python.** Criado para oferecer velocidade, segurança e facilidade de uso, o FastAPI se destaca por sua **integração nativa com Pydantic e suporte a Type Hints do Python**, permitindo a validação automática de dados e geração de documentação interativa sem necessidade de configuração manual.

Projetado para ser rápido como frameworks assíncronos como Node.js e Go, o FastAPI aproveita a execução assíncrona (async/await) do Python para oferecer uma API mais eficiente. Seu objetivo principal é reduzir a complexidade no desenvolvimento backend, fornecendo um ambiente produtivo e altamente otimizado para criação de serviços escaláveis.

Dentre suas principais vantagens, destacam-se:

- **Execução extremamente rápida** (quase tão rápida quanto o Node.js e o Go).
- **Validação automática de dados** usando Pydantic e Type Hints.
- **Documentação interativa gerada automaticamente** com OpenAPI e Swagger UI.
- **Suporte nativo a WebSockets, Background Tasks e GraphQL.**
- **Compatibilidade com bancos de dados SQL e NoSQL**, como PostgreSQL, MySQL e MongoDB.

FastAPI é amplamente utilizado em microsserviços, aplicações de machine learning, automação de processos e APIs de alto desempenho.

Instalação e configuração básica

Para instalar o FastAPI e um servidor ASGI (como Uvicorn), utilize o seguinte comando:
bash

```bash
pip install fastapi uvicorn
```

Após a instalação, um servidor FastAPI pode ser iniciado rapidamente com o código abaixo:
python

```python
from fastapi import FastAPI

app = FastAPI()

@app.get("/")
async def raiz():
    return {"mensagem": "API FastAPI ativa"}

if __name__ == "__main__":
    import uvicorn
    uvicorn.run(app, host="0.0.0.0", port=8000)
```

O servidor estará disponível no endereço:
cpp

```cpp
http://127.0.0.1:8000
```

Para visualizar a documentação interativa gerada automaticamente, acesse:
arduino

http://127.0.0.1:8000/docs

Principais recursos e diferenciais

O FastAPI é projetado para maximizar a eficiência do desenvolvimento de APIs, trazendo um conjunto de funcionalidades que o diferenciam de outros frameworks:

- **Execução assíncrona nativa**, otimizando a performance de aplicações que processam múltiplas requisições simultaneamente.
- **Validação automática de dados** através do uso de Type Hints e Pydantic.
- **Geração automática de documentação interativa** com OpenAPI e Swagger UI.
- **Integração simplificada com bancos de dados**, como PostgreSQL, MySQL e MongoDB.
- **Suporte nativo a WebSockets e GraphQL**, permitindo comunicação em tempo real.
- **Autenticação e autorização robustas**, facilitando a implementação de segurança em APIs.

Esses recursos fazem do FastAPI uma das opções mais modernas e eficientes para desenvolvimento de APIs REST e GraphQL no ecossistema Python.

Casos de uso e quando escolher

FastAPI é indicado para projetos que exigem desempenho elevado, validação de dados e documentação automática. Alguns dos principais casos de uso incluem:

- **Microsserviços e sistemas distribuídos** que precisam de APIs rápidas e escaláveis.
- **APIs para machine learning e inteligência artificial**, otimizadas para modelos em produção.
- **Plataformas SaaS**, onde segurança e validação de

entrada são fundamentais.

- **Automação de processos e integração entre sistemas**.
- **Sistemas de alta carga**, como APIs de streaming de dados e dashboards interativos.

Se o objetivo for construir APIs minimalistas sem validação automática ou documentação integrada, frameworks como Flask podem ser mais adequados.

Demonstração prática com código

A criação de uma API CRUD básica com FastAPI pode ser realizada de maneira eficiente.

Definição do modelo de dados com Pydantic

python

```python
from pydantic import BaseModel

class Item(BaseModel):
    id: int
    nome: str
    preco: float
```

Criando endpoints RESTful

python

```python
from fastapi import FastAPI
from typing import List

app = FastAPI()

# Banco de dados temporário
banco_de_dados = []
```

```python
@app.post("/itens/", response_model=Item)
async def criar_item(item: Item):
    banco_de_dados.append(item)
    return item

@app.get("/itens/", response_model=List[Item])
async def listar_itens():
    return banco_de_dados

@app.get("/itens/{item_id}", response_model=Item)
async def obter_item(item_id: int):
    for item in banco_de_dados:
        if item.id == item_id:
            return item
    return {"erro": "Item não encontrado"}

@app.delete("/itens/{item_id}")
async def deletar_item(item_id: int):
    global banco_de_dados
    banco_de_dados = [item for item in banco_de_dados if
item.id != item_id]
    return {"mensagem": "Item removido com sucesso"}
```

Executando este código, a API estará pronta para operações CRUD, com suporte automático à validação de dados e documentação interativa.

Erros comuns e como resolvê-los

1. **Erro: "ModuleNotFoundError: No module named 'fastapi'"**

   o Causa: FastAPI não está instalado.
   o Solução: Instalar com pip install fastapi uvicorn.

2. **Erro: "TypeError: object NoneType is not subscriptable"**

- Causa: Tentativa de acessar um índice inexistente.
- Solução: Garantir que o ID solicitado realmente existe na lista.

3. **Erro: "Cannot import name 'BaseModel' from 'pydantic'"**

- Causa: Versão incompatível do Pydantic.
- Solução: Atualizar para a versão mais recente com pip install -U pydantic.

Boas práticas e otimização

Para garantir alta performance e segurança no uso do FastAPI, algumas práticas recomendadas incluem:

- **Utilizar conexões assíncronas** com bancos de dados para evitar gargalos de I/O.
- **Configurar CORS corretamente** para garantir segurança em acessos externos.
- **Implementar autenticação JWT** para proteção de endpoints sensíveis.
- **Monitorar logs e métricas de performance** para otimizar a API.
- **Ativar cache para reduzir carga em consultas frequentes.**

Alternativas e frameworks concorrentes

FastAPI se diferencia de outras soluções populares para desenvolvimento de APIs em Python:

- **Flask**: Simples e flexível, mas sem suporte nativo a validação e execução assíncrona.
- **Django REST Framework**: Robusto e integrado ao Django, porém mais pesado.

- **Tornado**: Focado em aplicações assíncronas de alta concorrência, mas sem integração com OpenAPI.

A combinação de velocidade, validação automática e documentação interativa faz do FastAPI uma das melhores opções para criação de APIs modernas e de alto desempenho no ecossistema Python.

CAPÍTULO 24 - HAPI.JS

Hapi.js é um **framework web para Node.js** projetado para oferecer **segurança, escalabilidade e flexibilidade no desenvolvimento de APIs e aplicativos backend.** Criado para ser uma alternativa ao Express.js, o Hapi.js se destaca por sua arquitetura modular, sistema robusto de validação de dados e suporte nativo a plugins, permitindo que desenvolvedores construam APIs seguras e escaláveis sem necessidade de bibliotecas adicionais.

Seu foco está na segurança e no controle detalhado de requisições, sendo amplamente utilizado em sistemas empresariais, APIs RESTful e aplicativos que exigem autenticação avançada e gerenciamento de permissões.

Entre os principais benefícios do Hapi.js, destacam-se:

- **Configuração declarativa e modular** para facilitar o gerenciamento de rotas e plugins.
- **Validação automática de dados** utilizando a biblioteca Joi.
- **Suporte nativo a autenticação e autorização**, incluindo JWT, OAuth e API Keys.
- **Capacidade de gerenciamento avançado de requisições**, como taxa de limite (rate limiting).
- **Flexibilidade na criação de microsserviços e aplicações escaláveis**.

Hapi.js é amplamente utilizado em APIs empresariais, sistemas de pagamentos, plataformas SaaS e aplicativos de alto tráfego.

Instalação e configuração básica

A instalação do Hapi.js pode ser feita diretamente via **npm** ou **yarn**:

bash

```
npm install @hapi/hapi
```

Ou, utilizando **yarn**:

bash

```
yarn add @hapi/hapi
```

Após a instalação, um servidor básico pode ser configurado com poucas linhas de código:

javascript

```javascript
const Hapi = require('@hapi/hapi');

const iniciarServidor = async () => {
  const servidor = Hapi.server({
    port: 3000,
    host: 'localhost'
  });

  servidor.route({
    method: 'GET',
    path: '/',
    handler: () => ({ mensagem: 'API Hapi.js ativa' })
  });

  await servidor.start();
  console.log('Servidor rodando em:', servidor.info.uri);
};
```

```
iniciarServidor();
```

Ao executar esse código, o servidor Hapi.js será iniciado na porta **3000** e poderá ser acessado em:
arduino

```
http://localhost:3000
```

A configuração declarativa do Hapi.js permite gerenciar rotas e middleware de forma intuitiva, proporcionando maior organização no desenvolvimento de aplicações backend.

Principais recursos e diferenciais

Hapi.js é projetado para fornecer segurança, extensibilidade e facilidade de manutenção em aplicações backend. Entre seus principais recursos estão:

- **Gerenciamento de rotas simplificado**, permitindo estrutura modular e reutilizável.
- **Validação automática de entrada de dados** utilizando a biblioteca Joi.
- **Autenticação e autorização integradas**, eliminando necessidade de bibliotecas externas.
- **Suporte nativo a plugins**, permitindo extensão do framework sem impacto na performance.
- **Middleware para controle de requisições**, como rate limiting e CORS.
- **Suporte a WebSockets**, permitindo comunicação bidirecional em tempo real.

Esses recursos fazem do Hapi.js uma das soluções mais seguras e flexíveis para construção de APIs escaláveis em Node.js.

Casos de uso e quando escolher

Hapi.js é indicado para projetos que necessitam de segurança avançada, modularidade e controle detalhado de requisições. Seus principais casos de uso incluem:

- **Sistemas financeiros e pagamentos**, onde a segurança e validação de dados são essenciais.
- **APIs para aplicações empresariais**, que exigem autenticação robusta e controle de acesso granular.
- **Plataformas SaaS**, que precisam de APIs escaláveis e extensíveis.
- **Microsserviços**, onde a modularidade e o suporte a plugins facilitam a manutenção.
- **Aplicações de streaming de dados**, com suporte a WebSockets e eventos assíncronos.

Se o objetivo for desenvolver APIs simples e leves, sem necessidade de controle avançado de requisições, frameworks como **Express.js** podem ser uma alternativa mais direta.

Demonstração prática com código

A criação de uma API CRUD utilizando **Hapi.js + Joi para validação de dados** pode ser feita rapidamente.

Definição do modelo de dados e validação

javascript

```javascript
const Joi = require('@hapi/joi');

const esquemaTarefa = Joi.object({
  id: Joi.number().integer().required(),
  titulo: Joi.string().min(3).required(),
  concluida: Joi.boolean().default(false)
});
```

Criando um banco de dados temporário e endpoints CRUD

javascript

```javascript
const Hapi = require('@hapi/hapi');
const Joi = require('@hapi/joi');

const bancoDeDados = [];

const iniciarServidor = async () => {
  const servidor = Hapi.server({
    port: 3000,
    host: 'localhost'
  });

  servidor.route([
    {
      method: 'POST',
      path: '/tarefas',
      handler: (request, h) => {
        const { error, value } =
esquemaTarefa.validate(request.payload);
        if (error) return h.response({ erro:
error.details[0].message }).code(400);

        bancoDeDados.push(value);
        return h.response(value).code(201);
      }
    },
    {
      method: 'GET',
      path: '/tarefas',
      handler: () => bancoDeDados
    },
    {
      method: 'GET',
```

```
      path: '/tarefas/{id}',
      handler: (request, h) => {
      const tarefa = bancoDeDados.find(t => t.id ==
request.params.id);
        if (!tarefa) return h.response({ erro: "Tarefa não
encontrada" }).code(404);
        return tarefa;
      }
    },
    {
      method: 'DELETE',
      path: '/tarefas/{id}',
      handler: (request, h) => {
      const index = bancoDeDados.findIndex(t => t.id ==
request.params.id);
        if (index === -1) return h.response({ erro: "Tarefa não
encontrada" }).code(404);

      bancoDeDados.splice(index, 1);
        return h.response({ mensagem: "Tarefa removida com
sucesso" }).code(200);
      }
    }
  ]);

  await servidor.start();
  console.log('Servidor rodando em:', servidor.info.uri);
};

iniciarServidor();
```

Esse código permite criar, listar e excluir tarefas em um banco de dados temporário, utilizando validação automática com Joi para garantir integridade dos dados.

Erros comuns e como resolvê-los

1. Erro: "Cannot find module '@hapi/hapi'"

- Causa: Hapi.js não está instalado corretamente.
- Solução: Reinstalar com npm install @hapi/hapi.

2. Erro: "Payload validation failed" ao enviar um POST

- Causa: Dados enviados não seguem o esquema definido.
- Solução: Verificar se os campos obrigatórios estão corretos.

3. Erro: "Route not found" ao acessar uma URL

- Causa: Endpoint não foi definido corretamente.
- Solução: Confirmar a estrutura das rotas no código.

Boas práticas e otimização

Para garantir eficiência e segurança ao utilizar Hapi.js, algumas práticas são recomendadas:

- **Utilizar middleware de autenticação** para proteger rotas sensíveis.
- **Configurar CORS corretamente** para evitar acessos não autorizados.
- **Ativar logs detalhados** para monitoramento de erros e desempenho.
- **Usar cache em requisições frequentes** para reduzir carga no servidor.
- **Definir limites de requisição (rate limiting)** para evitar ataques DDoS.

Alternativas e frameworks concorrentes

Hapi.js se diferencia de outras soluções populares para

desenvolvimento backend em Node.js:

- **Express.js** – Simples e flexível, mas sem suporte nativo a autenticação e plugins.
- **Fastify** – Mais rápido, mas com menos recursos integrados que o Hapi.js.
- **NestJS** – Baseado em TypeScript, voltado para arquiteturas escaláveis e modularizadas.

A combinação de segurança, validação robusta e suporte a plugins faz do Hapi.js uma das melhores escolhas para desenvolvimento de APIs seguras e escaláveis.

MÓDULO 4: FRAMEWORKS PARA FULL-STACK – DESENVOLVIMENTO COMPLETO

O desenvolvimento full-stack exige **soluções integradas** que unifiquem frontend e backend de maneira eficiente, simplificando a implementação e melhorando a produtividade. Frameworks projetados para essa finalidade reduzem a complexidade do código, garantindo **coerência estrutural, segurança, escalabilidade e alta performance**. Esse módulo explora algumas das **melhores opções disponíveis**, oferecendo um panorama sobre suas funcionalidades e aplicações.

A adoção de frameworks full-stack é uma escolha estratégica para desenvolvedores que desejam um ambiente de desenvolvimento coeso, eliminando a necessidade de configurar separadamente diversas tecnologias. Esses frameworks trazem benefícios como gerenciamento eficiente de estado, APIs embutidas, suporte integrado a autenticação e conexão com banco de dados, permitindo que aplicações completas sejam criadas com menos esforço e código redundante. A escolha da ferramenta certa pode acelerar a entrega de produtos, tornando o desenvolvimento mais ágil e eficiente.

Entre as opções exploradas, **RedwoodJS** se destaca por sua arquitetura baseada em **React e GraphQL**, sendo uma escolha robusta para aplicações escaláveis que necessitam de uma estrutura bem definida. Para desenvolvedores que preferem um ambiente mais familiar e produtivo, **Blitz.js** se apresenta como uma opção inspirada no **Ruby on Rails**, trazendo uma experiência simplificada para a criação de aplicações React full-stack.

O módulo também aborda **AdonisJS**, um framework fortemente influenciado pelo **Laravel**, trazendo para o ecossistema Node.js uma abordagem mais estruturada e repleta de recursos avançados para backend e frontend. Já para quem busca **reatividade e interatividade**, **Meteor** se apresenta como uma solução full-stack JavaScript que integra de forma fluida **frontend e backend**, permitindo atualizações em tempo real e desenvolvimento altamente dinâmico.

A gestão de conteúdo é um fator essencial em muitas aplicações modernas, e **Strapi** surge como um **CMS headless flexível**, permitindo o gerenciamento de APIs de maneira eficiente e integrando-se a diversos frontends. Por fim, **Remix** fecha o módulo com uma abordagem **otimizada para carregamento de páginas**, garantindo uma melhor experiência do usuário ao priorizar a eficiência na renderização e no fluxo de dados.

Cada framework discutido neste módulo traz uma abordagem distinta, atendendo a diferentes necessidades e cenários de desenvolvimento. Ao longo dos capítulos, são abordados aspectos como instalação, configuração, principais recursos, melhores práticas e resolução de problemas, permitindo que os desenvolvedores compreendam profundamente suas aplicações e saibam quando adotá-los em seus projetos.

Com esse conhecimento, os profissionais poderão **tomar decisões estratégicas** ao escolher a melhor tecnologia full-stack para cada demanda, garantindo aplicações mais eficientes, escaláveis e bem estruturadas.

CAPÍTULO 25 – REDWOODJS

RedwoodJS é um **framework full-stack moderno para desenvolvimento de aplicações web**, projetado para **integrar frontend e backend de forma fluida**. Baseado em **React, GraphQL e Prisma**, RedwoodJS facilita a construção de aplicações escaláveis sem a necessidade de configurar manualmente a comunicação entre as camadas do sistema.

Seu propósito principal é permitir que desenvolvedores criem aplicações web complexas com a simplicidade de um framework full-stack, eliminando a necessidade de configurar APIs REST ou gerenciar requisições de forma manual. RedwoodJS segue o conceito de "JAMstack aprimorado", unindo renderização dinâmica e arquitetura serverless para oferecer alta performance e escalabilidade.

Dentre os principais benefícios do RedwoodJS, destacam-se:

- **Integração nativa entre frontend e backend** usando GraphQL.
- **Gerenciamento automático do estado global da aplicação**.
- **Modelo de banco de dados unificado** com Prisma ORM.
- **Renderização híbrida (SSG e SSR)** para otimização de carregamento.
- **Sistema de autenticação embutido**, permitindo fácil configuração de usuários.
- **Adoção de TypeScript por padrão**, garantindo segurança no desenvolvimento.

O framework é ideal para startups, MVPs, plataformas

SaaS e aplicações web modernas, onde a agilidade no desenvolvimento e a escalabilidade são fundamentais.

Instalação e configuração básica

Para instalar o RedwoodJS, é necessário ter **Node.js** e **Yarn** instalados. O primeiro passo é criar um novo projeto:
bash

```
yarn create redwood-app minha-aplicacao
cd minha-aplicacao
yarn redwood dev
```

Esse comando inicializa uma aplicação RedwoodJS com estrutura predefinida, incluindo frontend, backend e GraphQL API.

A estrutura do projeto gerado é organizada da seguinte forma:

- **api/** – Contém o backend, serviços e configurações do banco de dados.
- **web/** – Diretório do frontend, baseado em React e Apollo Client.
- **graphql/** – Definições das queries e mutations GraphQL.
- **prisma/** – Configuração do banco de dados e migrations.

A execução do comando yarn redwood dev inicia tanto o frontend quanto o backend, permitindo desenvolvimento simultâneo sem necessidade de configuração manual.

Principais recursos e diferenciais

RedwoodJS se diferencia de outros frameworks full-stack por automatizar a comunicação entre frontend e backend, eliminando a complexidade de configurar APIs e bancos de dados manualmente. Seus principais recursos incluem:

- **GraphQL embutido**, conectando frontend e backend de forma eficiente.
- **Banco de dados gerenciado pelo Prisma ORM**,

simplificando a persistência de dados.

- **Sistema de geração automática de código**, permitindo criar CRUDs rapidamente.
- **Autenticação e controle de acesso embutidos**, facilitando a implementação de usuários e permissões.
- **Integração com serviços serverless**, permitindo escalabilidade e redução de custos operacionais.

Essa abordagem garante velocidade no desenvolvimento e maior produtividade, tornando RedwoodJS uma excelente opção para aplicações web modernas.

Casos de uso e quando escolher

RedwoodJS é ideal para projetos que necessitam de agilidade na construção de aplicações full-stack, sem comprometer escalabilidade e organização do código. Alguns dos principais casos de uso incluem:

- **Startups e MVPs**, onde o tempo de desenvolvimento reduzido é essencial.
- **Plataformas SaaS**, exigindo integração eficiente entre frontend e backend.
- **Aplicações web modernas**, com necessidade de GraphQL e TypeScript.
- **Sistemas serverless**, onde a execução eficiente na nuvem é um diferencial.

Se o projeto demanda mais controle sobre o backend ou requer integração com serviços específicos não suportados pelo RedwoodJS, frameworks como Next.js ou NestJS podem ser alternativas mais adequadas.

Demonstração prática com código
Criando um modelo de dados com Prisma

Para definir um modelo de Tarefas, edite o arquivo prisma/

schema.prisma:
prisma

```
model Tarefa {
  id      Int    @id @default(autoincrement())
  titulo  String
  concluida Boolean @default(false)
}
```

Após a definição do modelo, rode a migração para criar a tabela no banco de dados:
bash

```
yarn rw prisma migrate dev --name criar_tabela_tarefas
```

Criando o backend GraphQL

Para gerar o CRUD automaticamente com RedwoodJS, utilize o comando:
bash

```
yarn rw g scaffold tarefa
```

Assim cria-se automaticamente o serviço GraphQL e as páginas do frontend.

Consumindo a API no frontend

No frontend, o RedwoodJS permite consumir o backend GraphQL de forma intuitiva. Para listar tarefas, basta criar um componente React:
javascript

```
import { useQuery, gql } from '@redwoodjs/web'

const LISTAR_TAREFAS = gql `
```

```
query {
  tarefas {
    id
    titulo
    concluida
  }
}
`

const ListaTarefas = () => {
  const { data, loading } = useQuery(LISTAR_TAREFAS)

  if (loading) return <p>Carregando...</p>

  return (
    <ul>
      {data.tarefas.map(tarefa => (
        <li key={tarefa.id}>{tarefa.titulo}</li>
      ))}
    </ul>
  )
}

export default ListaTarefas
```

Esse código permite exibir as tarefas cadastradas no banco de dados utilizando GraphQL e Apollo Client.

Erros comuns e como resolvê-los
1. Erro: "GraphQL API is not responding"

- ○ Causa: O backend não está rodando corretamente.
- ○ Solução: Certificar-se de que yarn redwood dev está ativo.

2. **Erro: "Database does not exist"**

○ Causa: Banco de dados não inicializado.
○ Solução: Executar yarn rw prisma migrate dev **para criar o banco.**

3. **Erro: "React Hook useQuery is not defined"**

○ Causa: Falta de importação do Apollo Client.
○ Solução: Adicionar import { useQuery, gql } from '@redwoodjs/web'.

Boas práticas e otimização

Para garantir eficiência e escalabilidade, algumas boas práticas são recomendadas:

- **Utilizar autenticação nativa** para proteger endpoints sensíveis.
- **Ativar cache do Apollo Client** para reduzir carga nas consultas GraphQL.
- **Implementar middlewares para segurança e validação de entrada.**
- **Configurar variáveis de ambiente para armazenar credenciais sensíveis.**
- **Monitorar logs e métricas** para identificar gargalos de performance.

Alternativas e frameworks concorrentes

RedwoodJS compete com diversos frameworks full-stack modernos, como:

- **Next.js** – Excelente para aplicações SSR e SSG, mas sem GraphQL embutido.
- **Blitz.js** – Inspirado no Ruby on Rails, mas focado apenas em React.
- **AdonisJS** – Alternativa robusta para desenvolvedores que preferem backend estruturado.

A combinação de GraphQL, Prisma e arquitetura full-stack integrada faz do RedwoodJS uma das soluções mais eficientes para desenvolvimento web moderno, garantindo produtividade e escalabilidade para aplicações de qualquer porte.

CAPÍTULO 26 – BLITZ.JS

Blitz.js é um **framework full-stack para desenvolvimento web baseado em Next.js**, projetado para oferecer **uma experiência de desenvolvimento integrada e produtiva.** Inspirado no Ruby on Rails, Blitz.js elimina a necessidade de configurar manualmente APIs REST ou GraphQL, permitindo que desenvolvedores escrevam código full-stack de maneira unificada.

Seu diferencial está no sistema de "Zero API", que permite chamadas diretas do frontend para o backend sem necessidade de configurar endpoints explícitos. Além disso, Blitz.js inclui suporte nativo a autenticação, gerenciamento de banco de dados com Prisma e geração automática de código, tornando-o ideal para startups, MVPs e aplicações SaaS.

As principais vantagens do Blitz.js incluem:

- **Arquitetura full-stack integrada** com Next.js.
- **Sistema "Zero API"**, eliminando necessidade de configurar APIs manualmente.
- **Suporte nativo a Prisma ORM**, simplificando a persistência de dados.
- **Autenticação e permissões embutidas.**
- **Geração automática de código para operações CRUD.**

Com essa abordagem, Blitz.js permite que desenvolvedores criem aplicações web modernas de forma mais rápida e eficiente, sem perder flexibilidade.

Instalação e configuração básica

Para instalar o Blitz.js, é necessário ter **Node.js** e **Yarn** configurados. O primeiro passo para iniciar um novo projeto é executar:
bash

```
npm install -g blitz
blitz new minha-aplicacao
cd minha-aplicacao
blitz dev
```

Esse comando cria uma aplicação Blitz.js pré-configurada, incluindo frontend e backend. A estrutura do projeto gerado contém:

- **app/** – Contém os componentes do frontend e as funções do backend.
- **db/** – Configuração do banco de dados e Prisma ORM.
- **pages/** – Arquivos do Next.js para roteamento.
- **integrations/** – Configurações para autenticação e serviços externos.

O comando blitz dev inicia o servidor de desenvolvimento e permite acessar a aplicação localmente.

Principais recursos e diferenciais

Blitz.js se diferencia por proporcionar uma abordagem integrada ao desenvolvimento full-stack, eliminando a necessidade de configurar APIs manualmente.
Seus principais recursos incluem:

- **"Zero API"**, permitindo comunicação direta entre frontend e backend.
- **Sistema de autenticação embutido**, incluindo suporte a JWT e OAuth.
- **Geração automática de código**, permitindo criação rápida de CRUDs.

- **Suporte nativo a Prisma ORM**, simplificando o acesso a bancos de dados.
- **Compatibilidade total com Next.js**, permitindo SSR e SSG.

Com esses recursos, Blitz.js oferece uma das experiências mais produtivas para desenvolvimento full-stack com JavaScript e TypeScript.

Casos de uso e quando escolher

Blitz.js é ideal para desenvolvedores que precisam construir aplicações full-stack rapidamente, sem se preocupar com configuração manual de APIs. Alguns dos principais casos de uso incluem:

- **Startups e MVPs**, onde o tempo de desenvolvimento reduzido é essencial.
- **Aplicações SaaS**, que precisam de autenticação e persistência de dados integrada.
- **Plataformas com CRUD intensivo**, que se beneficiam da geração automática de código.
- **Sistemas baseados em Next.js**, onde a integração com SSR e SSG é um diferencial.

Se o projeto demanda **mais controle sobre a API** ou precisa de uma abordagem mais tradicional, frameworks como **Next.js (puro) ou NestJS** podem ser alternativas mais adequadas.

Demonstração prática com código
Definição do modelo de dados com Prisma

No arquivo **db/schema.prisma**, o modelo de **Tarefas** pode ser definido da seguinte forma:

prisma

```
model Tarefa {
  id      Int    @id @default(autoincrement())
```

```
  titulo   String
  concluida Boolean @default(false)
}
```

Após a configuração, o banco de dados pode ser atualizado com:
bash

```
blitz prisma migrate dev --name criar_tabela_tarefas
```

Criando um CRUD automático

Blitz.js permite gerar automaticamente um conjunto de operações CRUD para um modelo:
bash

```
blitz generate all tarefa
```

Esse comando cria:

- **Páginas e componentes React para exibição das tarefas.**
- **Funções backend para criação, listagem, edição e exclusão.**
- **Integração automática com Prisma para acesso ao banco de dados.**

Criando um endpoint para listar tarefas

Dentro de app/tarefas/queries/getTarefas.ts, pode-se definir a função para buscar todas as tarefas:
typescript

```
import db from "db"

export default async function getTarefas() {
  return await db.tarefa.findMany()
}
```

Consumindo o backend no frontend

Para exibir as tarefas no frontend, Blitz.js utiliza o hook useQuery:

typescript

```
import { useQuery } from "blitz"
import getTarefas from "app/tarefas/queries/getTarefas"

const ListaTarefas = () => {
  const [tarefas] = useQuery(getTarefas, null)

  return (
    <ul>
    {tarefas.map((tarefa) => (
      <li key={tarefa.id}>{tarefa.titulo}</li>
    ))}
    </ul>
  )
}

export default ListaTarefas
```

A listagem das tarefas será exibida automaticamente sem necessidade de configurar requisições REST ou GraphQL.

Erros comuns e como resolvê-los

1. **Erro: "Prisma Client is not defined"**

   o   Causa: Prisma não foi inicializado corretamente.
   o   Solução: Executar blitz prisma generate **para** regenerar o cliente Prisma.

2. **Erro: "Cannot find module 'blitz'"**

○ Causa: Dependências do projeto não foram instaladas.

○ Solução: Rodar yarn install ou npm install para instalar as dependências.

3. **Erro: "Hook useQuery is not a function"**

○ Causa: Importação incorreta do Blitz.js.

○ Solução: Certificar-se de importar useQuery corretamente do pacote blitz.

Boas práticas e otimização

Para garantir segurança e eficiência no uso do Blitz.js, algumas práticas são recomendadas:

- **Configurar autenticação corretamente** para proteger páginas restritas.
- **Utilizar cache do React Query** para otimizar consultas ao backend.
- **Gerenciar permissões de usuário** para restringir ações no sistema.
- **Monitorar logs e métricas** para identificar gargalos de desempenho.
- **Utilizar variáveis de ambiente** para armazenar credenciais sensíveis.

Alternativas e frameworks concorrentes

Blitz.js compete com diversos frameworks full-stack modernos, como:

- **Next.js** – Excelente para SSR e SSG, mas sem "Zero API".
- **RedwoodJS** – Alternativa baseada em GraphQL, focada em aplicações escaláveis.
- **AdonisJS** – Opção estruturada para desenvolvedores que preferem uma abordagem similar ao Laravel.

A abordagem **"Zero API"** do Blitz.js elimina a complexidade no desenvolvimento full-stack, tornando-se uma das opções mais produtivas para criação de aplicações web modernas.

CAPÍTULO 27 – ADONISJS

AdonisJS é um **framework full-stack para Node.js**, inspirado no Laravel, projetado para **oferecer uma estrutura robusta, produtiva e segura para desenvolvimento de aplicações web e APIs**. Diferente de frameworks minimalistas como Express.js, o AdonisJS traz **uma abordagem mais estruturada**, permitindo que desenvolvedores trabalhem com **ORM, autenticação, validação de dados** e outras funcionalidades integradas sem necessidade de bibliotecas externas.

O principal objetivo do AdonisJS é fornecer um ambiente de desenvolvimento consistente e eficiente, onde o desenvolvedor pode se concentrar na lógica da aplicação sem se preocupar com configuração excessiva. Ele é ideal para quem deseja um framework backend poderoso, bem organizado e com uma sintaxe fluida baseada em JavaScript e TypeScript.

As principais vantagens do AdonisJS incluem:

- **Estrutura de código organizada e baseada em convenções.**
- **ORM integrado (Lucid)** para manipulação de bancos de dados SQL.
- **Autenticação e controle de usuários prontos para uso.**
- **Sistema de validação de dados embutido.**
- **Suporte a WebSockets para comunicação em tempo real.**
- **Framework modular e expansível com suporte a plugins.**

Essa abordagem faz do AdonisJS uma excelente escolha para

desenvolvedores que desejam um framework estruturado e completo para criação de APIs e aplicações web escaláveis.

Instalação e configuração básica

Para instalar o AdonisJS, é necessário ter **Node.js** e **npm** configurados. A criação de um novo projeto pode ser feita com o comando:

bash

```
npm init adonis-ts-app@latest minha-aplicacao
cd minha-aplicacao
node ace serve --watch
```

O comando node ace serve --watch inicia o servidor de desenvolvimento, permitindo que as mudanças sejam aplicadas automaticamente.

A estrutura padrão do AdonisJS inclui os seguintes diretórios:

- **app/** – Contém os arquivos principais do backend, incluindo modelos e controladores.
- **config/** – Configurações globais da aplicação.
- **database/** – Scripts de migração e conexão com bancos de dados.
- **resources/** – Templates e arquivos públicos.
- **start/** – Configuração inicial do framework.

A aplicação padrão já inclui um **roteador, autenticação básica e suporte a ORM**, garantindo que o desenvolvedor possa começar rapidamente.

Principais recursos e diferenciais

AdonisJS se destaca por ser **um framework full-stack que combina poder e simplicidade**, trazendo recursos que eliminam a necessidade de pacotes externos para funcionalidades comuns.

Entre os principais diferenciais estão:

- **ORM Lucid** para integração com bancos de dados SQL.
- **Suporte embutido a autenticação e permissões**.
- **Middleware flexível para segurança e logging**.
- **Sistema robusto de validação de dados** com suporte a schemas dinâmicos.
- **Suporte a WebSockets para aplicações em tempo real**.
- **Estrutura modular**, permitindo organização eficiente do código.

Esses recursos fazem do AdonisJS uma das opções mais completas para desenvolvimento backend em Node.js, garantindo produtividade e segurança.

Casos de uso e quando escolher

AdonisJS é indicado para projetos que necessitam de organização, segurança e eficiência no desenvolvimento backend. Seus principais casos de uso incluem:

- **APIs RESTful e GraphQL**, que necessitam de um backend estruturado e seguro.
- **Sistemas de autenticação e gerenciamento de usuários**, devido ao suporte nativo a JWT e OAuth.
- **Aplicações SaaS e plataformas web**, onde a modularidade e escalabilidade são essenciais.
- **Sistemas financeiros e bancários**, que precisam de validação rigorosa e segurança avançada.
- **Plataformas de comunicação em tempo real**, utilizando WebSockets e eventos assíncronos.

Se o projeto demanda uma abordagem mais minimalista, frameworks como Express.js ou Fastify podem ser mais adequados.

Demonstração prática com código

Criando um modelo de dados com Lucid ORM

O primeiro passo para trabalhar com banco de dados no AdonisJS é criar um modelo usando o Lucid ORM. Para gerar um modelo de **Tarefas**, utilize o comando:
bash

```
node ace make:model Tarefa
```

No arquivo **app/Models/Tarefa.ts**, defina o modelo:
typescript

```typescript
import { BaseModel, column } from '@ioc:Adonis/Lucid/Orm'

export default class Tarefa extends BaseModel {
  @column({ isPrimary: true })
  public id: number

  @column()
  public titulo: string

  @column()
  public concluida: boolean
}
```

Após a definição do modelo, crie a migração para o banco de dados:
bash

```
node ace make:migration criar_tabela_tarefas
```

Edite o arquivo gerado em **database/migrations/** para definir a estrutura da tabela:
typescript

```typescript
import BaseSchema from '@ioc:Adonis/Lucid/Schema'
```

```
export default class Tarefas extends BaseSchema {
  protected tableName = 'tarefas'

  public async up() {
    this.schema.createTable(this.tableName, (table) => {
      table.increments('id')
      table.string('titulo').notNullable()
      table.boolean('concluida').defaultTo(false)
      table.timestamps(true)
    })
  }

  public async down() {
    this.schema.dropTable(this.tableName)
  }
}
```

Execute a migração para criar a tabela:
bash

```
node ace migration:run
```

Criando rotas e controladores
Crie um controlador para manipular as tarefas:
bash

```
node ace make:controller Tarefa
```

No arquivo **app/Controllers/Http/TarefaController.ts**, defina os métodos CRUD:
typescript

```
import Tarefa from 'App/Models/Tarefa'
```

```typescript
export default class TarefaController {
  public async listar() {
    return await Tarefa.all()
  }

  public async criar({ request }) {
    const dados = request.only(['titulo', 'concluida'])
    return await Tarefa.create(dados)
  }

  public async deletar({ params }) {
    const tarefa = await Tarefa.findOrFail(params.id)
    await tarefa.delete()
    return { mensagem: 'Tarefa removida com sucesso' }
  }
}
```

Definindo as rotas no arquivo start/routes.ts

typescript

```typescript
import Route from '@ioc:Adonis/Core/Route'
import TarefaController from 'App/Controllers/Http/
TarefaController'

Route.get('/tarefas', 'TarefaController.listar')
Route.post('/tarefas', 'TarefaController.criar')
Route.delete('/tarefas/:id', 'TarefaController.deletar')
```

Agora, a API estará funcionando e permitirá criação, listagem e remoção de tarefas.

Erros comuns e como resolvê-los

1. **Erro: "Cannot find module '@ioc:Adonis/Lucid/**

Orm'"

- ○ Causa: O ORM Lucid não está instalado corretamente.
- ○ Solução: Rodar npm install @adonisjs/lucid e node ace migration:run.
2. **Erro: "Database connection refused"**

- ○ Causa: Configuração incorreta do banco de dados.
- ○ Solução: Editar o arquivo .env e verificar as credenciais de acesso.
3. **Erro: "Route not found" ao tentar acessar a API**

- ○ Causa: Rota mal configurada ou não registrada.
- ○ Solução: Confirmar a estrutura do arquivo start/ routes.ts.

Boas práticas e otimização

Para garantir eficiência e segurança no uso do AdonisJS, recomenda-se:

- **Utilizar middleware de autenticação** para proteger rotas restritas.
- **Ativar logs detalhados** para monitoramento e depuração.
- **Gerenciar permissões de usuário** para restringir ações sensíveis.
- **Utilizar cache** para otimizar consultas ao banco de dados.

Alternativas e frameworks concorrentes

O AdonisJS é comparável a diversos frameworks backend modernos:

- **Express.js** – Mais minimalista, mas sem ORM e autenticação embutida.

- **NestJS** – Baseado em TypeScript e mais modular, mas com maior curva de aprendizado.
- **Fastify** – Focado em performance, mas sem estrutura integrada.

A combinação de simplicidade, organização e funcionalidades embutidas faz do AdonisJS uma das melhores opções para desenvolvimento backend em Node.js, garantindo produtividade e escalabilidade.

CAPÍTULO 28 – METEOR

Meteor é um **framework full-stack baseado em JavaScript**, projetado para oferecer uma **experiência de desenvolvimento integrada e altamente produtiva**. Ele permite que desenvolvedores criem **aplicações web e móveis completas** utilizando **uma única linguagem em todo o stack**. Meteor simplifica o desenvolvimento ao integrar **frontend, backend e banco de dados em um único ambiente**, reduzindo a necessidade de configurar múltiplas tecnologias separadamente.

Com suporte nativo para reatividade e comunicação em tempo real, Meteor é uma das melhores escolhas para aplicações dinâmicas, dashboards interativos e sistemas que demandam atualizações instantâneas de dados. Ele utiliza Node.js no backend e se integra facilmente a bibliotecas populares como React, Vue.js e Angular.

Os principais benefícios do Meteor incluem:

- **Código unificado para frontend e backend**, eliminando discrepâncias entre os dois lados da aplicação.
- **Suporte nativo a reatividade e atualizações em tempo real**, reduzindo necessidade de polling manual.
- **Banco de dados MongoDB integrado e abstração simplificada com MiniMongo**.
- **Gerenciamento automatizado de dependências e atualizações**, evitando problemas de configuração.
- **Compatibilidade com bibliotecas modernas de frontend**, como React e Vue.js.
- **Deploy simplificado com suporte a ambientes cloud e**

integração contínua.

Essas características fazem do Meteor uma excelente escolha para aplicações de alta interatividade e colaboração em tempo real.

Instalação e configuração básica

Meteor pode ser instalado diretamente via **linha de comando**, permitindo criação rápida de projetos. Para instalar o Meteor, utilize:
bash

```
curl https://install.meteor.com/ | sh
```

Após a instalação, um novo projeto pode ser criado com:
bash

```
meteor create minha-aplicacao
cd minha-aplicacao
meteor npm install
meteor run
```

Esse comando inicializa um ambiente completo de desenvolvimento, incluindo servidor, banco de dados e frontend integrado. O Meteor roda por padrão na porta 3000 e pode ser acessado localmente em:
arduino

```
http://localhost:3000
```

A estrutura de um projeto Meteor inclui:
- **/client** – Arquivos frontend e componentes visuais.
- **/server** – Lógica backend e conexão com banco de dados.
- **/imports** – Módulos compartilhados entre frontend e backend.

- **/public** – Arquivos estáticos, como imagens e fontes.

Essa organização garante separação clara de responsabilidades e facilita manutenção.

Principais recursos e diferenciais

Meteor se diferencia por oferecer **um ambiente full-stack unificado**, eliminando a necessidade de configurar diferentes tecnologias manualmente. Seus principais recursos incluem:

- **Banco de dados MongoDB com sincronização automática entre cliente e servidor.**
- **MiniMongo, um banco de dados local para operações offline e reatividade.**
- **Suporte nativo a WebSockets e DDP (Distributed Data Protocol)** para comunicação instantânea.
- **Hot code push**, permitindo atualizações de código sem necessidade de reinstalação em dispositivos móveis.
- **Integração nativa com bibliotecas frontend modernas**, como React e Vue.js.
- **Ferramentas de build e deploy integradas**, permitindo publicação rápida em servidores cloud.

Esses recursos tornam o Meteor uma das opções mais eficientes para criação de aplicações interativas e colaborativas.

Casos de uso e quando escolher

Meteor é recomendado para projetos que exigem alta interatividade, reatividade em tempo real e desenvolvimento acelerado. Alguns casos de uso incluem:

- **Aplicações colaborativas**, como chats, ferramentas de gestão de tarefas e dashboards interativos.
- **Sistemas de monitoramento e notificações**, que demandam atualização instantânea de dados.

- **Plataformas de ensino e e-learning**, com suporte a salas virtuais e interatividade em tempo real.
- **Aplicações SaaS**, onde o deploy rápido e escalabilidade são essenciais.
- **MVPs e prototipagem rápida**, reduzindo tempo de desenvolvimento.

Se o projeto exige controle mais granular do backend ou demanda maior flexibilidade em banco de dados, frameworks como Next.js ou NestJS podem ser alternativas mais adequadas.

Demonstração prática com código
Criando uma coleção de tarefas no banco de dados

Meteor utiliza MongoDB como banco de dados padrão. Para definir uma coleção de tarefas, crie o arquivo /imports/api/tarefas.js:
javascript

```javascript
import { Mongo } from 'meteor/mongo'

export const Tarefas = new Mongo.Collection('tarefas')
```

Definindo métodos no backend

No arquivo **/server/main.js**, importe a coleção e crie métodos para manipular os dados:
javascript

```javascript
import { Meteor } from 'meteor/meteor'
import { Tarefas } from '../imports/api/tarefas'

Meteor.startup(() => {
  if (Tarefas.find().count() === 0) {
    Tarefas.insert({ titulo: 'Primeira tarefa', concluida: false })
  }
}
```

```
})

Meteor.methods({
  'tarefas.inserir'(titulo) {
    Tarefas.insert({ titulo, concluida: false })
  },
  'tarefas.remover'(id) {
    Tarefas.remove(id)
  },
  'tarefas.alternar'(id, status) {
    Tarefas.update(id, { $set: { concluida: status } })
  }
})
```

Criando o frontend com React

Para exibir as tarefas no frontend, crie um componente React em /client/Tarefas.jsx:

javascript

```javascript
import React from 'react'
import { useTracker } from 'meteor/react-meteor-data'
import { Tarefas } from '../imports/api/tarefas'

const ListaTarefas = () => {
  const tarefas = useTracker(() => Tarefas.find().fetch())

  const adicionarTarefa = () => {
    const titulo = prompt('Digite o título da tarefa:')
    Meteor.call('tarefas.inserir', titulo)
  }

  return (
    <div>
```

```
    <button onClick={adicionarTarefa}>Nova Tarefa</
button>
    <ul>
     {tarefas.map((tarefa) => (
      <li key={tarefa._id}>
       {tarefa.titulo}
       <button onClick={() => Meteor.call('tarefas.remover',
tarefa._id)}>Remover</button>
      </li>
     ))}
    </ul>
   </div>
  )
}

export default ListaTarefas
```

Esse código permite listar, adicionar e remover tarefas com comunicação em tempo real.

Erros comuns e como resolvê-los

1. Erro: "Mongo is not defined"

- Causa: Importação do MongoDB não foi feita corretamente.
- Solução: Verificar se import { Mongo } from 'meteor/mongo' está presente no código.

2. Erro: "Method not found" ao chamar um método

- Causa: Método não foi registrado corretamente no servidor.
- Solução: Confirmar se os métodos estão definidos em /server/main.js.

3. **Erro: "Cannot find module 'meteor/meteor'"**

○   Causa: Dependências do Meteor não foram instaladas corretamente.

○ Solução: Rodar meteor npm install para garantir que todas as bibliotecas estejam disponíveis.

Boas práticas e otimização

Para garantir melhor desempenho e segurança ao utilizar Meteor, recomenda-se:

- **Utilizar métodos assíncronos para otimizar operações no banco de dados**.
- **Proteger chamadas de método com regras de segurança**, impedindo acessos indevidos.
- **Ativar logs e monitoramento**, garantindo detecção rápida de problemas.
- **Habilitar cache no frontend**, reduzindo chamadas desnecessárias ao servidor.
- **Utilizar variáveis de ambiente para armazenar credenciais sensíveis**.

Alternativas e frameworks concorrentes

Meteor compete com diversos frameworks full-stack modernos, como:

- **Next.js** – Excelente para SSR e SSG, mas sem suporte nativo a MongoDB e reatividade em tempo real.
- **Blitz.js** – Alternativa baseada em Next.js, com suporte a ORM e arquitetura unificada.
- **NestJS** – Opção mais estruturada para desenvolvimento backend, mas sem suporte nativo a reatividade.

Com sua abordagem full-stack integrada e suporte nativo a reatividade, Meteor se destaca como uma das melhores opções para desenvolvimento de aplicações dinâmicas e em tempo real.

CAPÍTULO 29 – STRAPI

Strapi é um **framework open-source para gerenciamento de APIs**, projetado para oferecer **flexibilidade, segurança e personalização na criação de aplicações back-end**. Com ele, desenvolvedores podem criar **APIs REST e GraphQL rapidamente**, sem a necessidade de configurar um backend do zero.

O grande diferencial do Strapi é sua arquitetura headless, permitindo que o backend seja desacoplado do frontend, possibilitando integração com React, Vue.js, Angular, Flutter, aplicativos móveis e qualquer outra tecnologia frontend.

O propósito do Strapi é permitir desenvolvimento rápido e eficiente de APIs escaláveis, eliminando a necessidade de programar endpoints manualmente e oferecendo uma interface gráfica para gerenciamento de conteúdo.

As principais vantagens do Strapi incluem:

- **Criação de APIs personalizadas sem código**, por meio de uma interface intuitiva.
- **Suporte nativo a REST e GraphQL**, garantindo flexibilidade na comunicação com o frontend.
- **Autenticação e permissões embutidas**, simplificando o controle de acesso.
- **Gerenciamento de banco de dados integrado**, suportando SQL e NoSQL.
- **Sistema modular com suporte a plugins**, permitindo extensibilidade e personalização.

Esses recursos fazem do Strapi uma das melhores opções para

desenvolvedores que buscam rapidez e flexibilidade na criação de backends personalizados.

Instalação e configuração básica

A instalação do Strapi é simples e pode ser feita utilizando **Node.js e npm**. Para criar um novo projeto, utilize o comando: bash

```
npx create-strapi-app@latest minha-aplicacao --quickstart
```

Esse comando cria um projeto Strapi e inicia automaticamente o servidor de desenvolvimento. A aplicação pode ser acessada em:
bash

```
http://localhost:1337/admin
```

Ao acessar essa URL, será solicitado que o usuário crie uma conta de administrador, permitindo configurar modelos de dados, permissões e conteúdos diretamente pelo painel web.

A estrutura do projeto gerado inclui:

- **/api** – Diretório onde ficam os modelos de dados e controladores.
- **/config** – Arquivos de configuração do Strapi.
- **/database** – Configuração do banco de dados, podendo ser SQLite, PostgreSQL ou MongoDB.
- **/public** – Arquivos estáticos acessíveis externamente.
- **/src** – Código-fonte da aplicação.

Essa estrutura garante organização e modularidade, facilitando manutenção e escalabilidade.

Principais recursos e diferenciais

Strapi se destaca por automatizar a criação de APIs e oferecer um ambiente completo para gerenciamento de conteúdo e dados. Seus principais recursos incluem:

- **Painel administrativo para gerenciar APIs e conteúdos** sem necessidade de código.
- **Criação automática de endpoints REST e GraphQL.**
- **Autenticação e controle de permissões nativos**, garantindo segurança no acesso aos dados.
- **Suporte a múltiplos bancos de dados**, incluindo PostgreSQL, MySQL e SQLite.
- **Extensibilidade por meio de plugins e middlewares personalizados**.
- **Upload de arquivos e gerenciamento de mídia integrado**.

Com esses recursos, Strapi permite criação ágil e escalável de backends personalizados, sendo ideal para startups, aplicações empresariais e plataformas headless.

Casos de uso e quando escolher

Strapi é indicado para projetos que precisam de um backend robusto e flexível, sem a necessidade de programar APIs manualmente. Alguns casos de uso incluem:

- **APIs para sites e blogs headless**, permitindo integração com diversos frontends.
- **Plataformas SaaS**, onde o gerenciamento de dados precisa ser centralizado e seguro.
- **Aplicações empresariais**, que exigem controle detalhado de permissões e autenticação.
- **E-commerces**, onde o gerenciamento de produtos e pedidos pode ser feito via API.
- **Dashboards e sistemas administrativos**, facilitando acesso a relatórios e dados estruturados.

Se o projeto exige um backend totalmente customizado, com lógica de negócios específica e controle total sobre a arquitetura, frameworks como NestJS ou AdonisJS podem ser mais adequados.

Demonstração prática com código
Criando uma API de tarefas no Strapi

Dentro do painel administrativo, vá até **Content-Type Builder** e crie um novo modelo chamado **Tarefa** com os seguintes campos:

- **titulo** (String) – Armazena o título da tarefa.
- **descricao** (Text) – Descrição detalhada da tarefa.
- **status** (Boolean) – Indica se a tarefa foi concluída.

Ao salvar o modelo, Strapi gera automaticamente os endpoints REST e GraphQL correspondentes.

Consumindo a API REST

Para buscar todas as tarefas via API, basta fazer uma requisição GET para:

bash

```
curl http://localhost:1337/api/tarefas
```

A resposta será um JSON contendo todas as tarefas cadastradas.

Criando uma nova tarefa via API

Para criar uma nova tarefa, utilize uma requisição POST:

bash

```
curl -X POST http://localhost:1337/api/tarefas \
  -H "Content-Type: application/json" \
  -d '{
    "data": {
      "titulo": "Nova tarefa",
      "descricao": "Descrição da tarefa",
```

```
    "status": false
  }
}'
```

Habilitando acesso público à API

Por padrão, Strapi restringe acesso às APIs para usuários autenticados. Para liberar acesso público, vá até **Settings** → **Roles & Permissions** e habilite a permissão de leitura para **Public**.

Com essa configuração, qualquer aplicação frontend poderá consumir os dados da API.

Erros comuns e como resolvê-los
1. Erro: "403 Forbidden" ao tentar acessar a API

○   Causa: Permissões não configuradas corretamente.

○   Solução: Habilitar permissões no painel administrativo em **Roles & Permissions**.

2. Erro: "Database connection failed"

○   Causa: Banco de dados não configurado corretamente.

○   Solução: Editar o arquivo config/database.js e garantir que as credenciais estão corretas.

3. Erro: "Module not found: strapi"

○   Causa: Dependências do Strapi não foram instaladas corretamente.

○   Solução: Rodar npm install para garantir que todas as bibliotecas necessárias estão disponíveis.

Boas práticas e otimização

Para garantir segurança e eficiência no uso do Strapi,

recomenda-se:

- **Usar bancos de dados SQL como PostgreSQL ou MySQL** para maior confiabilidade.
- **Configurar CORS corretamente** para evitar bloqueios de requisições externas.
- **Ativar logs e monitoramento** para identificar falhas na API.
- **Utilizar autenticação JWT ou OAuth** para restringir acesso a dados sensíveis.
- **Configurar variáveis de ambiente** para armazenar credenciais de banco de dados.

Alternativas e frameworks concorrentes

Strapi compete com diversas soluções para gerenciamento de APIs, como:

- **NestJS** – Framework backend modular baseado em TypeScript, ideal para arquiteturas mais customizadas.
- **Ghost** – Alternativa headless voltada para blogs e publicação de conteúdos.
- **Hasura** – Plataforma GraphQL que permite conexão automática com bancos de dados.

A combinação de flexibilidade, automação e interface amigável faz do Strapi uma das melhores opções para criação de APIs e backends escaláveis, garantindo alta produtividade e integração facilitada com qualquer frontend.

CAPÍTULO 30 – REMIX

Remix é um **framework full-stack para desenvolvimento web**, projetado para oferecer **melhor desempenho, acessibilidade e experiência do usuário** por meio de uma arquitetura baseada em **renderização no servidor (SSR) e Progressive Enhancement**. Criado pelos fundadores do React Router, Remix permite que desenvolvedores construam aplicações **rápidas e responsivas**, otimizando carregamento, navegação e gerenciamento de estado.

O Remix adota um modelo de servidor-first, onde as interações são processadas no backend antes de chegar ao cliente. Isso melhora o tempo de carregamento, reduz o uso de JavaScript no frontend e mantém a experiência fluida mesmo em conexões lentas.

Os principais benefícios do Remix incluem:

- **Renderização híbrida** com suporte a SSR e streaming.
- **Gerenciamento de dados otimizado**, eliminando a necessidade de bibliotecas externas para estado global.
- **Suporte a carregamento progressivo**, melhorando experiência em dispositivos móveis.
- **Integração direta com React Router**, tornando a navegação dinâmica e eficiente.
- **Suporte nativo a formulários e manipulação de ações no servidor**.

Remix é ideal para aplicações web interativas e de alto desempenho, como e-commerces, dashboards e plataformas que exigem carregamento rápido e fluidez na navegação.

Instalação e configuração básica

A instalação do Remix pode ser feita utilizando **npm, pnpm ou yarn**. Para criar um novo projeto, execute:
bash

```
npx create-remix@latest minha-aplicacao
cd minha-aplicacao
npm install
npm run dev
```

Esse comando gera um projeto com uma estrutura organizada para frontend e backend. O servidor de desenvolvimento roda na porta **3000** e pode ser acessado em:
arduino

```
http://localhost:3000
```

A estrutura de um projeto Remix inclui:
- **app/** – Contém os arquivos da aplicação, como componentes e rotas.
- **routes/** – Define as páginas e suas interações.
- **entry.server.tsx** – Código de entrada do servidor.
- **entry.client.tsx** – Código de entrada do cliente.
- **remix.config.js** – Arquivo de configuração global.

Essa organização facilita manutenção, modularidade e escalabilidade no desenvolvimento de aplicações.

Principais recursos e diferenciais

Remix se destaca por oferecer uma abordagem eficiente para renderização e carregamento de dados, reduzindo a necessidade de requisições extras no cliente. Entre seus principais recursos estão:
- **Carregamento de dados no servidor**, reduzindo a

necessidade de fetch no frontend.

- **Manipulação direta de formulários e ações no backend**, sem uso de JavaScript adicional.
- **Streaming de resposta do servidor para o cliente**, garantindo renderização progressiva.
- **Pre-fetching inteligente**, permitindo carregamento antecipado de rotas e melhor experiência do usuário.
- **Segurança aprimorada** por evitar exposição excessiva de dados no frontend.

Com esses recursos, Remix reduz a sobrecarga no navegador, tornando-se uma opção poderosa para aplicações que exigem velocidade, interatividade e eficiência.

Casos de uso e quando escolher

Remix é recomendado para projetos que priorizam performance, experiência do usuário e acessibilidade. Alguns dos principais casos de uso incluem:

- **E-commerces**, onde o tempo de carregamento impacta diretamente a conversão.
- **Plataformas SaaS**, que exigem carregamento dinâmico e navegação eficiente.
- **Aplicações empresariais**, que precisam de SSR para otimizar processamento.
- **Blogs e sites de conteúdo**, onde SEO e carregamento rápido são essenciais.
- **Dashboards interativos**, que demandam carregamento eficiente de dados.

Se o projeto exige maior controle sobre APIs e lógica backend, frameworks como Next.js ou NestJS podem ser alternativas mais adequadas.

Demonstração prática com código

Criando uma rota e carregando dados do servidor

No Remix, as rotas são definidas no diretório routes/. Para criar uma página chamada tarefas, crie um arquivo routes/tarefas.tsx:

tsx

```tsx
import { json, LoaderFunction } from "@remix-run/node"
import { useLoaderData } from "@remix-run/react"

export const loader: LoaderFunction = async () => {
  const tarefas = [
    { id: 1, titulo: "Aprender Remix", concluida: false },
    { id: 2, titulo: "Criar API", concluida: true }
  ]
  return json(tarefas)
}

export default function Tarefas() {
  const tarefas = useLoaderData()

  return (
    <div>
      <h1>Lista de Tarefas</h1>
      <ul>
       {tarefas.map((tarefa) => (
         <li key={tarefa.id}>
           {tarefa.titulo} - {tarefa.concluida ? "□" : "□"}
         </li>
       ))}
      </ul>
    </div>
  )
}
```

Esse código cria uma rota **/tarefas** que carrega dados diretamente do servidor antes da renderização, garantindo eficiência no carregamento.

Criando um formulário interativo

Remix permite enviar dados diretamente ao backend sem precisar de bibliotecas adicionais. Para criar um formulário, edite **routes/tarefas.tsx** e adicione:

tsx

```tsx
import { Form } from "@remix-run/react"

export function action({ request }) {
  const formData = await request.formData()
  const titulo = formData.get("titulo")
  return json({ titulo, status: "Tarefa adicionada" })
}

export default function Tarefas() {
  return (
    <div>
      <h1>Adicionar Tarefa</h1>
      <Form method="post">
        <input type="text" name="titulo" placeholder="Digite uma tarefa" required />
        <button type="submit">Adicionar</button>
      </Form>
    </div>
  )
}
```

Com essa abordagem, Remix manipula formulários diretamente no servidor, sem necessidade de gerenciar estado manualmente no frontend.

Erros comuns e como resolvê-los

1. Erro: "useLoaderData is not a function"

- ○ Causa: O hook não foi importado corretamente.
- ○ Solução: Verificar se import { useLoaderData } from "@remix-run/react" está correto.

2. Erro: "LoaderFunction must return a JSON response"

- ○ Causa: A função loader não está retornando um objeto JSON.
- ○ Solução: Certificar-se de usar return json(dados) na função loader.

3. Erro: "Form submission failed" ao enviar um formulário

- ○ Causa: A função action não está definida corretamente.
- ○ Solução: Verificar se a action foi exportada corretamente e se o método do formulário está configurado como post.

Boas práticas e otimização

Para garantir melhor desempenho e segurança ao utilizar Remix, recomenda-se:

- **Utilizar SSR e streaming** para reduzir o tempo de carregamento.
- **Minimizar o uso de JavaScript no cliente**, aproveitando o modelo de carregamento no servidor.
- **Configurar cache para melhorar tempo de resposta da API**.
- **Habilitar segurança de formulários**, evitando ataques

de injeção de dados.

- **Monitorar logs e desempenho** para identificar gargalos na aplicação.

Alternativas e frameworks concorrentes

Remix compete com diversas soluções para desenvolvimento full-stack, como:

- **Next.js** – Alternativa popular para SSR e SSG, com foco em APIs e integração com React.
- **SvelteKit** – Framework baseado em Svelte, oferecendo SSR eficiente e simplificado.
- **Gatsby** – Melhor opção para sites estáticos otimizados para SEO.

Com sua abordagem server-first, carregamento progressivo e eficiência na renderização, Remix se destaca como uma das melhores opções para aplicações web de alto desempenho e interatividade.

MÓDULO 5: FRAMEWORKS PARA SERVERLESS E EDGE COMPUTING – EXECUÇÃO NA NUVEM

A computação serverless e o conceito de edge computing revolucionaram a forma como aplicações são implantadas, escaladas e distribuídas globalmente. Em um mundo onde a latência e a eficiência operacional são determinantes para a experiência do usuário, esses paradigmas permitem a execução de aplicações sem a necessidade de gerenciar servidores tradicionais, aproveitando a elasticidade da nuvem e o processamento descentralizado.

Neste módulo, serão exploradas tecnologias que facilitam essa transição, possibilitando a implementação de soluções escaláveis e performáticas. Um dos destaques é o **Serverless Framework**, uma ferramenta que simplifica a criação e o gerenciamento de aplicações sem servidor, permitindo que desenvolvedores implantem código diretamente em provedores como AWS Lambda, Google Cloud Functions e Azure Functions, sem a complexidade tradicional do gerenciamento de infraestrutura.

Além disso, plataformas especializadas como **Vercel** e **Netlify** ganharam popularidade ao oferecerem fluxos de trabalho otimizados para a implantação de aplicações web modernas. Com suporte a SSR (Server-Side Rendering) e edge functions, essas soluções permitem que aplicações sejam carregadas com máxima eficiência, distribuindo o processamento para servidores próximos aos usuários finais.

Para aqueles que buscam uma solução integrada diretamente com a AWS, o **AWS Amplify** se destaca ao fornecer um conjunto completo de ferramentas para desenvolvimento e hospedagem de aplicações frontend e mobile. Com suporte a GraphQL, armazenamento, autenticação e CI/CD, Amplify reduz significativamente a complexidade envolvida na criação de aplicações baseadas em nuvem.

Por fim, uma abordagem inovadora para execução de código JavaScript e TypeScript no edge é o **Deno Deploy**, uma plataforma que combina a simplicidade do Deno com a execução distribuída globalmente, eliminando a necessidade de configuração de servidores convencionais.

Ao longo deste módulo, cada um desses frameworks será analisado em profundidade, abordando seus conceitos fundamentais, processo de instalação e configuração, principais recursos, casos de uso recomendados, demonstrações práticas, desafios comuns e boas práticas para otimização. Comparações entre essas ferramentas também serão feitas, auxiliando na escolha da melhor solução para diferentes cenários.

CAPÍTULO 31 – SERVERLESS FRAMEWORK

O **Serverless Framework** é uma ferramenta que simplifica a criação, implantação e gerenciamento de aplicações **sem servidor** em provedores de nuvem como **AWS Lambda, Google Cloud Functions e Azure Functions**. Seu principal objetivo é **automatizar tarefas repetitivas, abstrair a complexidade da infraestrutura e oferecer um fluxo de trabalho eficiente para desenvolvedores** que desejam criar aplicações altamente escaláveis sem gerenciar servidores tradicionais.

Ao utilizar Serverless Framework, é possível definir toda a infraestrutura da aplicação através de arquivos de configuração, garantindo reprodutibilidade e facilidade na manutenção. Além disso, ele permite o desenvolvimento de aplicações event-driven, onde funções são executadas apenas quando acionadas por eventos específicos, reduzindo custos operacionais e otimizando recursos.

Entre as principais vantagens do Serverless Framework, destacam-se:

- **Gerenciamento unificado** para múltiplos provedores de nuvem.
- **Suporte a diversas linguagens**, como JavaScript, Python, Go e Java.
- **Implantação automatizada** com um único comando.
- **Facilidade de integração com bancos de dados, filas e APIs**.
- **Redução de custos** ao eliminar servidores ociosos.

Com essa abordagem, empresas e desenvolvedores podem focar no código e na lógica de negócio, sem precisar se preocupar com a manutenção de servidores ou a escalabilidade da infraestrutura.

Instalação e configuração básica

Para instalar o **Serverless Framework**, é necessário ter o **Node.js** instalado no sistema. A instalação pode ser feita via **npm** com o seguinte comando:
bash

```
npm install -g serverless
```

Após a instalação, é possível verificar a versão instalada executando:
bash

```
serverless -v
```

Para criar um novo projeto Serverless, utilize:
bash

```
serverless create --template aws-nodejs --path minha-aplicacao
cd minha-aplicacao
npm install
```

Esse comando gera uma estrutura básica para uma aplicação serverless baseada em Node.js, já configurada para ser implantada na AWS Lambda.

O arquivo principal do projeto é o serverless.yml, onde são definidas as funções e configurações da aplicação. Um exemplo básico de configuração:

yaml

```
service: minha-aplicacao
provider:
  name: aws
  runtime: nodejs18.x
functions:
  hello:
    handler: handler.hello
    events:
      - http:
          path: hello
          method: get
```

Essa configuração cria uma função chamada hello, que será acionada por uma requisição HTTP GET na rota /hello.

Para implantar a aplicação na AWS Lambda, basta executar:
bash

```
serverless deploy
```

O comando retorna a **URL do endpoint**, permitindo testar a função diretamente pelo navegador ou via **curl**:
bash

```
curl  https://xyz.execute-api.us-east-1.amazonaws.com/dev/
hello
```

Principais recursos e diferenciais

O Serverless Framework oferece diversas funcionalidades que tornam a implementação de aplicações sem servidor mais eficiente, como:

- **Suporte a múltiplos provedores**, permitindo o uso da

AWS, Google Cloud, Azure, entre outros.

- **Plugins e extensões**, que adicionam funcionalidades como logs avançados, monitoramento e integração com bancos de dados.

- **Gerenciamento simplificado de ambiente**, permitindo configurar variáveis de ambiente e credenciais com segurança.

- **Autenticação e permissões integradas**, facilitando a implementação de autenticação via AWS IAM e API Gateway.

- **Testes e depuração local**, permitindo simular chamadas às funções antes de implantá-las.

Esses recursos tornam o Serverless Framework uma solução robusta e prática para quem deseja desenvolver aplicações sem servidor com alta escalabilidade e baixa latência.

Casos de uso e quando escolher

O Serverless Framework é ideal para aplicações que demandam escalabilidade e eficiência operacional. Entre os principais cenários de uso estão:

- **APIs sem servidor**, onde endpoints são acionados sob demanda sem necessidade de manter servidores ativos.

- **Processamento de eventos em tempo real**, como análises de logs, notificações e integração com IoT.

- **Automação de tarefas**, executando funções em horários programados via **AWS EventBridge** ou **cron jobs**.

- **Chatbots e assistentes virtuais**, utilizando funções serverless para processar mensagens e integrar com serviços de IA.

- **ETL e processamento de dados**, onde funções processam e transformam dados antes de armazená-los em bancos de dados.

Se a aplicação exige execução contínua e estado persistente, outras soluções como containers ou serviços gerenciados podem ser mais adequadas.

Demonstração prática com código
Criando uma API REST serverless

Para definir uma API REST que retorna uma mensagem de boas-vindas, edite o arquivo **handler.js**:
javascript

```javascript
module.exports.hello = async (event) => {
  return {
    statusCode: 200,
    body: JSON.stringify({ message: "Bem-vindo ao Serverless Framework!" }),
  }
}
```

Agora, edite o **serverless.yml** para configurar um endpoint HTTP:
yaml

```yaml
functions:
  hello:
    handler: handler.hello
    events:
      - http:
          path: hello
          method: get
```

Implante a função com:
bash

```
serverless deploy
```

Para testar, execute:
bash

```
curl https://xyz.execute-api.us-east-1.amazonaws.com/dev/
hello
```

O resultado será:
json

```
{"message": "Bem-vindo ao Serverless Framework!"}
```

Adicionando variáveis de ambiente

No **serverless.yml**, é possível definir variáveis de ambiente:
yaml

```
provider:
  environment:
    API_KEY: "123456"
```

Dentro da função, as variáveis podem ser acessadas via **process.env**:
javascript

```
const apiKey = process.env.API_KEY
console.log(`Chave de API: ${apiKey}`)
```

Erros comuns e como resolvê-los

1. **Erro: "Missing credentials in config" ao implantar na AWS**

   o   Causa: Credenciais da AWS não configuradas corretamente.

o   Solução: Configurar as credenciais com aws configure ou serverless config credentials.

2. **Erro: "Function not found" ao chamar endpoint HTTP**

o   Causa: A função não foi implantada corretamente.

o   Solução: Verificar logs de implantação com serverless info e reimplantar com serverless deploy.

3. **Erro: "Access denied" ao acessar banco de dados ou outro serviço**

o   Causa: Permissões insuficientes na AWS.

o   Solução: Garantir que a função tem permissões adequadas no IAM.

Boas práticas e otimização

Para otimizar aplicações serverless, recomenda-se:

- **Minimizar tempo de execução**, garantindo que funções executem apenas o necessário.
- **Utilizar logs e monitoramento**, para rastrear erros e otimizar desempenho.
- **Configurar timeouts adequados**, evitando execuções longas desnecessárias.
- **Reduzir o tamanho das funções**, eliminando dependências desnecessárias para tempos de inicialização mais rápidos.

Alternativas e frameworks concorrentes

O Serverless Framework compete com outras soluções para desenvolvimento de aplicações sem servidor, como:

- **AWS CDK** – Alternativa para infraestrutura como código na AWS.
- **Google Cloud Functions Framework** – Solução específica para o Google Cloud.

- **Architect** – Framework simplificado para aplicações serverless.

Com sua flexibilidade, suporte a múltiplas nuvens e ampla comunidade, o Serverless Framework se consolida como uma das melhores opções para desenvolvimento ágil e escalável na era da computação sem servidor.

CAPÍTULO 32 – VERCEL

A Vercel é uma plataforma de implantação e hospedagem **serverless** projetada para oferecer desempenho máximo para aplicações modernas, especialmente aquelas desenvolvidas com **Next.js, React, Vue.js e Svelte**. Seu principal diferencial é a combinação de **facilidade de uso, escalabilidade automática e suporte a edge computing**, garantindo carregamento rápido e distribuição eficiente de aplicações em todo o mundo.

Ao eliminar a necessidade de configurar servidores ou gerenciar infraestrutura complexa, a Vercel permite que desenvolvedores foquem no código, deixando toda a parte de implantação, caching e otimização para sua rede global de distribuição. O sistema é construído para oferecer baixa latência, suporte nativo a SSR (Server-Side Rendering) e funcionalidades avançadas como Edge Functions, que processam requisições diretamente nos servidores mais próximos dos usuários.

Os principais objetivos da Vercel incluem:

- **Fornecer um ambiente de hospedagem otimizado para frameworks frontend modernos.**
- **Oferecer implantação contínua com integração direta ao GitHub, GitLab e Bitbucket.**
- **Garantir escalabilidade automática sem a necessidade de gerenciar infraestrutura.**
- **Permitir execução de código no edge, reduzindo a latência para usuários globais.**
- **Integrar performance e SEO diretamente na estrutura do framework, otimizando sites e aplicações.**

Com sua arquitetura voltada para **desempenho e praticidade**, a Vercel é a escolha ideal para desenvolvedores que desejam um fluxo de trabalho ágil e eficiente, sem abrir mão da flexibilidade e da alta disponibilidade.

Instalação e configuração básica

A Vercel pode ser utilizada diretamente via interface web, mas seu verdadeiro potencial se revela com a CLI (Command Line Interface), que permite gerenciar projetos de forma rápida e prática. Para instalar a CLI, basta executar o comando:
bash

```
npm install -g vercel
```

Após a instalação, é necessário **autenticar-se** com a conta Vercel:
bash

```
vercel login
```

A implantação de um projeto pode ser feita de forma simples e direta. Basta acessar o diretório do projeto e rodar:
bash

```
vercel
```

A ferramenta identificará automaticamente o framework utilizado e configurará o ambiente adequado. Para definir um projeto de forma manual, pode-se utilizar:
bash

```
vercel init
```

Esse comando permite criar um novo projeto na Vercel com opções personalizadas.

A configuração avançada pode ser feita no arquivo **vercel.json**, onde é possível definir regras para **rotas, builds e variáveis de ambiente**. Um exemplo de configuração básica:
json

```json
{
  "version": 2,
  "builds": [{ "src": "index.js", "use": "@vercel/node" }],
  "routes": [{ "src": "/(.*)", "dest": "/index.js" }]
}
```

Isso permite direcionar todas as requisições para o arquivo index.js, onde a lógica do backend será executada.

Após configurar o projeto, a implantação é feita com um único comando:
bash

```bash
vercel deploy
```

A Vercel automaticamente provisiona um **domínio gratuito** e disponibiliza a aplicação imediatamente.

Principais recursos e diferenciais

O diferencial da Vercel está na integração com frameworks frontend e na capacidade de executar código no edge, reduzindo drasticamente o tempo de resposta. Entre seus principais recursos estão:

- **Suporte nativo a Next.js**, incluindo SSR, SSG e ISR.
- **Execução de funções no edge**, melhorando performance e segurança.
- **Deploy automático via Git**, com integração a plataformas de versionamento.
- **CDN global**, garantindo tempo de carregamento

reduzido em qualquer região.

- **Suporte a revalidação incremental**, permitindo atualizações dinâmicas sem recompilar toda a aplicação.
- **Pré-carregamento de páginas e otimização de imagens**, reduzindo tempo de carregamento.

Com esses recursos, a Vercel é amplamente utilizada por startups, grandes empresas e desenvolvedores independentes para construir aplicações rápidas, escaláveis e altamente performáticas.

Casos de uso e quando escolher

A Vercel é indicada para aplicações serverless e baseadas em frameworks modernos, especialmente quando há necessidade de carregamento rápido e execução eficiente no edge.

Alguns dos principais casos de uso incluem:

- **Sites e blogs com SEO otimizado**, garantindo tempos de carregamento reduzidos.
- **Aplicações empresariais**, que exigem alto desempenho e baixa latência global.
- **Plataformas de e-commerce**, onde a experiência do usuário e a conversão são impactadas pela velocidade.
- **Dashboards interativos**, que precisam de SSR e atualização dinâmica de dados.
- **APIs escaláveis**, utilizando edge functions para respostas rápidas.

Se o objetivo for controle avançado sobre infraestrutura e customização profunda, soluções como AWS Amplify ou Netlify podem ser consideradas alternativas.

Demonstração prática com código
Implantando um projeto Next.js na Vercel

Crie um novo projeto Next.js com:

bash

```
npx create-next-app@latest meu-projeto
cd meu-projeto
```

Faça login na Vercel:
bash

```
vercel login
```

Agora, implante o projeto com um único comando:
bash

```
vercel
```

A Vercel irá detectar automaticamente que se trata de um projeto Next.js e configurará a melhor forma de hospedagem.

Criando uma API na Vercel

Para adicionar um endpoint backend, crie um arquivo em **pages/api/hello.js** com o seguinte conteúdo:
javascript

```javascript
export default function handler(req, res) {
  res.status(200).json({ message: "API funcionando na Vercel!" })
}
```

Agora, basta rodar:
bash

```
vercel deploy
```

A API estará disponível imediatamente na URL gerada pela Vercel.

Erros comuns e como resolvê-los

1. Erro: "Command not found: vercel"

- Causa: CLI não instalada corretamente.
- Solução: Executar npm install -g vercel novamente.

2. Erro: "Project not linked to a Vercel account"

- Causa: O projeto não foi autenticado corretamente.
- Solução: Rodar vercel login e vincular a conta.

3. Erro: "Build failed due to missing dependencies"

- Causa: O projeto não tem todas as dependências instaladas.
- Solução: Rodar npm install antes de fazer o deploy.

Boas práticas e otimização

Para obter melhor desempenho e segurança na Vercel, recomenda-se:

- **Ativar edge caching**, reduzindo tempo de carregamento global.
- **Utilizar variáveis de ambiente**, evitando exposição de dados sensíveis.
- **Minimizar o uso de JavaScript no cliente**, melhorando performance em dispositivos móveis.
- **Aproveitar a revalidação incremental**, garantindo que páginas sejam atualizadas sem recompilação completa.
- **Monitorar métricas de tempo de carregamento**, garantindo que a experiência do usuário seja otimizada.

Alternativas e frameworks concorrentes

A Vercel se destaca no mercado, mas possui concorrentes diretos, como:

- **Netlify** – Alternativa serverless com suporte nativo a

Jamstack e funções personalizadas.

- **AWS Amplify** – Solução da Amazon com maior flexibilidade, mas configuração mais complexa.
- **Cloudflare Pages** – Ideal para hospedagem em edge computing com CDN integrada.

Com seu fluxo de trabalho intuitivo, integração com Git e suporte avançado a Next.js, a Vercel se consolida como uma das melhores plataformas para desenvolvedores que desejam velocidade e escalabilidade sem comprometer a simplicidade.

CAPÍTULO 33 – NETLIFY

O **Netlify** é uma plataforma moderna de implantação e hospedagem projetada para **sites estáticos, aplicações web e serviços serverless**. Seu principal objetivo é proporcionar uma **experiência simplificada para desenvolvedores**, oferecendo automação completa do ciclo de vida de um projeto, desde o deploy contínuo até a escalabilidade automática, sem a necessidade de configurar servidores ou infraestrutura complexa.

Diferente das abordagens tradicionais de hospedagem, o Netlify combina CDN (Content Delivery Network), funções serverless e integração com Git, garantindo desempenho, segurança e facilidade de implantação. Além disso, a plataforma se destaca por seu suporte a Jamstack (JavaScript, APIs e Markup), um modelo arquitetônico que melhora a experiência do usuário ao reduzir a dependência de servidores monolíticos.

Entre os principais benefícios do Netlify, destacam-se:

- **Fluxo de trabalho simplificado**, com deploys automáticos a partir de repositórios Git.
- **Rede global de distribuição (CDN)**, garantindo carregamento rápido em qualquer localidade.
- **Suporte a funções serverless**, permitindo backend dinâmico sem necessidade de servidores dedicados.
- **Pré-visualização de deploys**, permitindo testar alterações antes de aplicá-las ao ambiente de produção.
- **Otimização automática de desempenho**, incluindo compactação de arquivos e cache inteligente.

Com esses recursos, o Netlify transformou a maneira como aplicações web modernas são implantadas, permitindo que desenvolvedores foquem no código e na experiência do usuário, enquanto a plataforma gerencia a escalabilidade e a segurança da aplicação.

Instalação e configuração básica

A implantação de um projeto no Netlify pode ser feita diretamente pelo painel web, vinculando um repositório GitHub, GitLab ou Bitbucket, ou utilizando a CLI (Command Line Interface) para gerenciamento via terminal.

Instalando a CLI do Netlify

Para quem deseja utilizar a linha de comando, a instalação pode ser feita via **npm:**

bash

```
npm install -g netlify-cli
```

Após a instalação, faça login na sua conta Netlify com o comando:

bash

```
netlify login
```

Criando um novo projeto

A criação de um novo projeto pode ser feita vinculando um repositório Git:

bash

```
netlify init
```

Esse comando guiado permite selecionar um projeto existente ou criar um novo, definindo a estrutura de hospedagem desejada.

Implantando uma aplicação

Caso a aplicação já esteja configurada, basta rodar:
bash

```
netlify deploy
```

Isso gera um **link temporário** para visualização do projeto. Para torná-lo definitivo e acessível publicamente, utilize:
bash

```
netlify deploy --prod
```

Esse fluxo permite que qualquer projeto seja implantado rapidamente, sem a necessidade de configurações manuais ou ajustes complicados.

Principais recursos e diferenciais

O Netlify vai além de uma simples hospedagem, oferecendo ferramentas avançadas que otimizam o desenvolvimento e a performance das aplicações. Seus principais recursos incluem:

- **Deploy contínuo**, integrando-se automaticamente a repositórios Git para publicação instantânea de alterações.
- **Branch previews**, permitindo testar mudanças antes da publicação definitiva.
- **Redirecionamentos e reescritas de URLs**, facilitando o roteamento sem necessidade de configuração adicional no backend.
- **Netlify Functions**, permitindo execução de código serverless sem necessidade de infraestrutura dedicada.
- **Edge Handlers**, que possibilitam processamento no edge para melhorar a performance e segurança das requisições.

Essas funcionalidades tornam o Netlify uma das soluções mais completas para desenvolvedores que desejam simplicidade e eficiência na implantação de aplicações web.

Casos de uso e quando escolher

O Netlify é especialmente indicado para projetos que demandam alta performance e facilidade de deploy, incluindo:

- **Sites estáticos e blogs**, otimizados para SEO e carregamento instantâneo.
- **Portfólios e landing pages**, onde a rapidez e a simplicidade são essenciais.
- **Aplicações baseadas em Jamstack**, que utilizam APIs e carregamento dinâmico no frontend.
- **Sistemas internos**, onde preview de branch e deploy automático são vantagens significativas.
- **E-commerce estático**, onde a experiência do usuário depende de tempos de resposta rápidos.

Se a necessidade for um backend mais robusto ou controle avançado sobre infraestrutura, plataformas como AWS Amplify ou Vercel podem ser alternativas mais adequadas.

Demonstração prática com código
Criando e implantando um site HTML estático

Crie uma pasta com arquivos HTML, CSS e JavaScript:
bash

```
mkdir meu-site
cd meu-site
echo "<h1>Bem-vindo ao Netlify</h1>" > index.html
```

Agora, execute:
bash

```
netlify init
netlify deploy
```

Isso gera um link temporário para visualização. Para torná-lo definitivo:
bash

```
netlify deploy --prod
```

O site estará disponível imediatamente em um domínio gerado pelo Netlify.

Criando uma função serverless no Netlify

No Netlify, funções backend podem ser criadas diretamente na pasta **netlify/functions/**. Crie o arquivo hello.js:
javascript

```javascript
exports.handler = async () => {
  return {
    statusCode: 200,
    body: JSON.stringify({ message: "API funcionando no Netlify!" }),
  }
}
```

Agora, edite o **netlify.toml** para definir a função:
toml

```toml
[build]
  functions = "netlify/functions"
```

Rode o deploy:
bash

netlify deploy

A API estará disponível automaticamente na URL:
arduino

https://meu-site.netlify.app/.netlify/functions/hello

Erros comuns e como resolvê-los
1. Erro: "Command not found: netlify"

- o   Causa: CLI não instalada corretamente.
- o   Solução: Executar npm install -g netlify-cli novamente.

2. Erro: "Failed to connect repository"

- o   Causa: Falha na conexão com repositório GitHub ou GitLab.
- o   Solução: Reautenticar-se com netlify login e verificar permissões.

3. Erro: "Function not found" ao chamar uma função serverless

- o   Causa: Função não implantada corretamente.
- o   Solução: Verificar estrutura da pasta netlify/functions e reimplantar com netlify deploy.

Boas práticas e otimização
Para garantir melhor desempenho e segurança ao utilizar o Netlify, recomenda-se:

- **Utilizar cache inteligente**, reduzindo tempo de carregamento de arquivos estáticos.
- **Configurar redirecionamentos e rewrites**, melhorando SEO e experiência do usuário.

- **Habilitar autenticação JWT para funções serverless**, garantindo segurança na comunicação.
- **Minimizar o uso de JavaScript no frontend**, melhorando tempo de resposta.
- **Aproveitar o preview de branches**, garantindo que alterações sejam testadas antes do deploy final.

Alternativas e frameworks concorrentes

O Netlify é uma das principais soluções para implantação moderna, mas possui concorrentes diretos como:

- **Vercel** – Alternativa focada em **SSR e edge computing**, ideal para projetos Next.js.
- **AWS Amplify** – Opção mais flexível para aplicações integradas a serviços AWS.
- **Cloudflare Pages** – Melhor opção para performance e segurança em nível de edge computing.

Com seu fluxo de trabalho intuitivo, integração nativa com Git e suporte avançado a funções serverless, o Netlify se destaca como uma das melhores plataformas para desenvolvedores que buscam facilidade e eficiência na implantação de aplicações web modernas.

CAPÍTULO 34 – AWS AMPLIFY

O **AWS Amplify** é um framework e um conjunto de ferramentas desenvolvidas pela Amazon Web Services para facilitar a criação, implantação e escalabilidade de aplicações web e móveis na nuvem. Projetado para **desenvolvedores frontend e mobile**, ele simplifica a integração com serviços da AWS, permitindo que aplicações utilizem recursos como **autenticação, bancos de dados, armazenamento, APIs e hospedagem** com facilidade.

Seu objetivo é reduzir a complexidade da infraestrutura ao fornecer uma abordagem declarativa para configurar e gerenciar serviços em nuvem. O AWS Amplify permite que equipes de desenvolvimento foquem na criação de experiências de usuário ricas e dinâmicas, sem precisar lidar diretamente com a configuração detalhada da AWS.

Os principais diferenciais do Amplify incluem:

- **Integração nativa com a AWS**, oferecendo suporte imediato a serviços como Cognito, DynamoDB, API Gateway, Lambda e S3.

- **Ferramentas para backend e frontend**, permitindo a criação de aplicações full-stack sem necessidade de configurar servidores manualmente.

- **Suporte a múltiplos frameworks**, incluindo React, Vue.js, Angular, Next.js e Flutter.

- **Deploy contínuo e CI/CD integrado**, sincronizando alterações diretamente de repositórios Git.

- **Suporte a aplicações serverless e edge computing**, garantindo escalabilidade automática.

Com essas capacidades, o AWS Amplify se posiciona como uma solução robusta para desenvolvedores que buscam rapidez na implementação e integração nativa com o ecossistema da AWS.

Instalação e configuração básica

Para utilizar o AWS Amplify, é necessário ter o **Node.js** instalado. A instalação da CLI é feita com o seguinte comando: bash

```
npm install -g @aws-amplify/cli
```

Após a instalação, configure a CLI autenticando sua conta AWS: bash

```
amplify configure
```

Esse comando iniciará um processo guiado, solicitando login e configuração de permissões para a AWS.

Criando um novo projeto

Para iniciar um projeto com AWS Amplify, entre no diretório do projeto e execute: bash

```
amplify init
```

O processo de inicialização solicita algumas informações, incluindo:
- Nome do projeto
- Ambiente (por padrão, "dev")
- Plataforma (JavaScript, iOS, Android)
- Região da AWS
- Configuração de autenticação

Após a configuração, o AWS Amplify cria arquivos no projeto que armazenam a estrutura do backend, permitindo gerenciar serviços AWS diretamente pelo código.

Adicionando funcionalidades ao projeto

O Amplify permite adicionar funcionalidades ao backend com comandos simples. Para incluir **autenticação via AWS Cognito**, utilize:
bash

```
amplify add auth
```

Para configurar um banco de dados NoSQL com **Amazon DynamoDB**, use:
bash

```
amplify add storage
```

Se for necessário criar uma API GraphQL com **AWS AppSync**, o comando é:
bash

```
amplify add api
```

Após adicionar os serviços desejados, implante a infraestrutura na AWS executando:
bash

```
amplify push
```

Assim cria-se os recursos necessários e disponibiliza a aplicação para integração com o frontend.

Principais recursos e diferenciais

O AWS Amplify se destaca por oferecer **integração profunda**

com a AWS, permitindo que desenvolvedores criem aplicações completas sem precisar configurar manualmente cada serviço. Seus principais recursos incluem:

- **Gerenciamento automatizado do backend**, permitindo configurar e atualizar recursos sem necessidade de AWS Console.
- **Autenticação integrada**, suportando login via AWS Cognito, Facebook, Google e Apple ID.
- **APIs escaláveis**, suportando REST e GraphQL com resoluções automáticas de banco de dados.
- **Armazenamento seguro de arquivos**, facilitando o upload e gerenciamento de mídias via S3.
- **Deploy contínuo via Git**, automatizando a atualização de aplicações em produção.
- **Suporte a aplicações híbridas e móveis**, permitindo integração com React Native, iOS e Android.

Esses diferenciais tornam o Amplify uma solução poderosa para desenvolvedores que desejam construir aplicações modernas na nuvem com mínima configuração manual.

Casos de uso e quando escolher

O AWS Amplify é indicado para desenvolvedores frontend e equipes que desejam construir aplicações full-stack sem gerenciar servidores. Alguns dos principais casos de uso incluem:

- **Aplicações corporativas**, com autenticação segura e banco de dados escalável.
- **Dashboards e sistemas administrativos**, integrando dados em tempo real.
- **E-commerce e marketplaces**, garantindo alta disponibilidade e integração com pagamento.
- **Aplicações mobile híbridas**, suportando notificações push e armazenamento remoto.

- **Plataformas educacionais**, oferecendo login seguro e gerenciamento de usuários.

Se o projeto requer customização avançada ou controle granular sobre infraestrutura, outras soluções como AWS CDK ou Terraform podem ser mais adequadas.

Demonstração prática com código
Criando um backend com autenticação

Após inicializar o projeto, adicione autenticação:
bash

```
amplify add auth
```

Escolha **as opções desejadas** no menu interativo e, depois, implante:
bash

```
amplify push
```

No frontend, instale o pacote Amplify:
bash

```
npm install aws-amplify @aws-amplify/ui-react
```

Agora, configure a autenticação no arquivo index.js:
javascript

```
import { Amplify } from 'aws-amplify';
import awsconfig from './aws-exports';
import { withAuthenticator } from '@aws-amplify/ui-react';

Amplify.configure(awsconfig);

function App() {
```

```
  return <h1>Autenticação com AWS Amplify</h1>;
}
```

```
export default withAuthenticator(App);
```

Com isso, a aplicação já estará integrada ao AWS Cognito e permitirá login seguro.

Criando uma API GraphQL

Adicione uma API GraphQL ao projeto:
bash

```
amplify add api
```

Escolha **GraphQL** e o esquema inicial. Após a configuração, implante a API:
bash

```
amplify push
```

Para consultar os dados no frontend, utilize o pacote GraphQL:
javascript

```javascript
import { API, graphqlOperation } from 'aws-amplify';
import { listPosts } from './graphql/queries';

async function fetchPosts() {
  const posts = await
API.graphql(graphqlOperation(listPosts));
  console.log(posts);
}
```

assim recupera-se informações do banco de dados automaticamente.

Erros comuns e como resolvê-los

1. Erro: "User is not authorized to perform this action"

- Causa: Permissões insuficientes no Cognito ou IAM.
- Solução: Verificar permissões no console da AWS.

2. Erro: "API key expired" ao chamar GraphQL

- Causa: A chave de API padrão tem validade limitada.
- Solução: Rodar amplify update api e atualizar as permissões.

3. Erro: "Failed to push resources" ao implantar o backend

- Causa: Conflito entre versões do schema.
- Solução: Rodar amplify status e validar se há mudanças não aplicadas.

Boas práticas e otimização

Para garantir melhor desempenho e segurança ao utilizar o AWS Amplify, recomenda-se:

- **Configurar permissões adequadas**, garantindo que apenas usuários autorizados acessem recursos sensíveis.
- **Otimizar a API GraphQL**, utilizando resoluções paginadas para evitar consumo excessivo de dados.
- **Monitorar logs via CloudWatch**, identificando erros e gargalos na aplicação.
- **Utilizar repositórios Git para controle de versão**, garantindo rollback seguro em caso de falhas.
- **Aproveitar caching e storage eficiente**, minimizando custos e tempo de carregamento.

Alternativas e frameworks concorrentes

O AWS Amplify compete com diversas soluções para

desenvolvimento full-stack e serverless, como:

- **Vercel** – Ideal para aplicações frontend com edge computing.
- **Netlify** – Focado em deploy contínuo e infraestrutura simplificada.
- **Firebase** – Alternativa do Google com banco de dados em tempo real e autenticação simplificada.

Com sua integração nativa com a AWS, suporte full-stack e escalabilidade automática, o Amplify se consolida como uma das melhores opções para quem deseja construir aplicações robustas na nuvem com mínima complexidade operacional.

CAPÍTULO 35 – DENO DEPLOY

O **Deno Deploy** é uma plataforma serverless que permite a execução de código JavaScript, TypeScript e WebAssembly diretamente na borda da rede (edge computing), sem a necessidade de gerenciar servidores. Ele foi criado para oferecer **tempo de resposta ultrarrápido, segurança aprimorada e integração nativa com o runtime Deno**.

Diferente do Node.js, o Deno já nasce com **suporte embutido para TypeScript**, dependências seguras sem necessidade de gerenciadores de pacotes e um modelo de permissões que impede o acesso irrestrito ao sistema de arquivos e rede. Com o Deno Deploy, aplicações podem ser distribuídas globalmente, reduzindo a latência para usuários em qualquer localização.

Os principais benefícios do Deno Deploy incluem:

- **Execução no Edge**, garantindo baixa latência para qualquer região do mundo.
- **Suporte a JavaScript moderno e TypeScript sem necessidade de compilação manual.**
- **Modelo de segurança integrado**, evitando acessos não autorizados a recursos do sistema.
- **Deploy contínuo com integração direta a repositórios Git.**
- **Execução serverless nativa**, eliminando a necessidade de configurar infraestrutura complexa.

Essas características tornam o Deno Deploy uma excelente alternativa para desenvolvedores que precisam de rápida distribuição de código, segurança avançada e escalabilidade automática.

Instalação e configuração básica

Para utilizar o Deno Deploy, o primeiro passo é instalar o runtime Deno em seu ambiente local. Isso pode ser feito via terminal:
bash

```
curl -fsSL https://deno.land/install.sh | sh
```

Após a instalação, verifique se o Deno está disponível executando:
bash

```
deno --version
```

Com o runtime instalado, é possível criar e testar aplicações localmente antes do deploy para a plataforma serverless.

Criando um projeto com Deno Deploy

Para iniciar um projeto básico, crie um arquivo **server.ts** com o seguinte código:
typescript

```
import { serve } from "https://deno.land/std@0.200.0/http/
server.ts";

serve((req) => new Response("Deno Deploy ativo!", { status:
200 }), { port: 8000 });
```

Esse código cria um **servidor HTTP básico** que responde "Deno Deploy ativo!" para todas as requisições.

Implantando na nuvem com Deno Deploy

O Deno Deploy oferece uma **interface web para deploy**

instantâneo. Para implantar o código:

1. Acesse https://dash.deno.com.
2. Crie um novo projeto.
3. Faça o upload do arquivo **server.ts** ou conecte-se a um repositório Git.
4. O código será distribuído automaticamente pela rede global de edge computing.

O deploy pode ser atualizado automaticamente ao integrar com repositórios Git, garantindo que qualquer alteração no código seja refletida rapidamente na produção.

Principais recursos e diferenciais

O Deno Deploy oferece uma abordagem moderna para execução serverless, com destaque para os seguintes recursos:

- **Runtime otimizado para a nuvem**, permitindo execução rápida e eficiente.
- **Suporte nativo a módulos ES6**, sem necessidade de pacotes NPM.
- **Integração com WebAssembly**, possibilitando execução de código de alto desempenho.
- **Execução distribuída na borda (Edge Computing)**, reduzindo a latência globalmente.
- **APIs seguras e isoladas**, impedindo acesso não autorizado ao sistema de arquivos.
- **Modelo de permissões controladas**, permitindo definir explicitamente quais recursos podem ser acessados.

Essas funcionalidades tornam o Deno Deploy uma solução altamente eficiente para aplicações modernas que exigem resposta rápida e segurança aprimorada.

Casos de uso e quando escolher

O Deno Deploy é ideal para projetos que exigem baixa latência, escalabilidade automática e segurança aprimorada, como:

- **APIs serverless**, otimizadas para executar na borda da rede.
- **Sites e aplicações Jamstack**, garantindo carregamento instantâneo.
- **Automação e scripts de backend**, sem necessidade de servidores dedicados.
- **Serviços de streaming de dados**, onde tempo de resposta é crítico.
- **Execução de código WebAssembly (WASM)**, permitindo cálculos computacionais complexos.

Se o objetivo for execução em backend tradicional ou suporte mais amplo a pacotes NPM, alternativas como AWS Lambda ou Vercel podem ser mais adequadas.

Demonstração prática com código
Criando uma API REST serverless

Para criar uma API REST básica com Deno Deploy, crie o arquivo **api.ts**:

typescript

```
import { serve } from "https://deno.land/std@0.200.0/http/server.ts";

const handler = (req: Request): Response => {
  return new Response(JSON.stringify({ message: "API Serverless com Deno Deploy!" }), {
    headers: { "Content-Type": "application/json" },
  });
};

serve(handler, { port: 8080 });
```

Agora, faça o deploy via Deno Deploy Dashboard, e a API estará disponível em uma URL pública.

Executando WebAssembly no Deno Deploy

O Deno Deploy suporta **execução de código WebAssembly (WASM)**. Para isso, crie um arquivo **wasm.ts**:

typescript

```
const wasmCode = new Uint8Array([
  0x00, 0x61, 0x73, 0x6d, 0x01, 0x00, 0x00, 0x00,
  // Código binário WebAssembly aqui
]);

const wasmModule = await
WebAssembly.compile(wasmCode);
const instance = await
WebAssembly.instantiate(wasmModule);

console.log("Execução WASM no Deno Deploy", instance);
```

Esse script permite que aplicações executem cálculos complexos com **alto desempenho na nuvem**.

Erros comuns e como resolvê-los
1. **Erro: "Module not found" ao importar pacotes**

- o   Causa: O Deno não usa um gerenciador de pacotes como NPM.
- o   Solução: Certifique-se de que as importações utilizam **URLs diretas**, como https://deno.land/std/http/server.ts.

2. **Erro: "Permission denied" ao acessar arquivos**

- o   Causa: O modelo de segurança do Deno impede acesso não autorizado ao sistema.

Solução: Execute o script localmente com a flag --allow-read:
bash

deno run --allow-read arquivo.ts

   o

3. **Erro: "Failed to deploy" ao subir código para a nuvem**

   o   Causa: Código contém importações não suportadas pelo Deno Deploy.
   o   Solução: Utilize apenas módulos compatíveis com Deno.

Boas práticas e otimização

Para garantir melhor desempenho e segurança no Deno Deploy, siga estas recomendações:

- **Utilizar módulos padrão do Deno**, evitando dependências desnecessárias.
- **Configurar permissões de acesso**, minimizando exposição a riscos de segurança.
- **Aproveitar execução serverless**, evitando uso de processos persistentes desnecessários.
- **Distribuir cargas de trabalho entre múltiplos endpoints**, garantindo escalabilidade eficiente.
- **Ajustar tempo de vida de cache e headers HTTP**, otimizando desempenho global.

Alternativas e frameworks concorrentes

O Deno Deploy compete com diversas plataformas serverless e de edge computing, como:

- **Vercel Edge Functions** – Excelente para SSR com Next.js e latência reduzida.
- **Cloudflare Workers** – Alternativa focada em performance e segurança.

- **AWS Lambda** – Opção escalável, mas com maior complexidade de configuração.

Com sua arquitetura moderna, suporte nativo a TypeScript e execução distribuída na borda, o Deno Deploy se posiciona como uma das melhores escolhas para desenvolvedores que buscam alta performance e segurança sem complicações.

MÓDULO 6: FRAMEWORKS PARA SEGURANÇA E AUTENTICAÇÃO – PROTEÇÃO E GESTÃO DE ACESSO

A segurança no desenvolvimento web é um dos pilares fundamentais para garantir a integridade, confidencialidade e disponibilidade dos sistemas modernos. Com o crescimento do uso de aplicações distribuídas, APIs expostas na internet e a necessidade de autenticação eficiente, frameworks especializados desempenham um papel crítico na proteção de dados sensíveis e na mitigação de ameaças cibernéticas.

Este módulo apresenta os principais **frameworks para segurança e autenticação**, abordando soluções que facilitam a **gestão de identidade, controle de acesso e políticas de segurança robustas**. Cada framework explorado fornece abordagens distintas para garantir que usuários e serviços sejam autenticados de maneira segura, além de oferecer recursos para **gerenciamento de permissões, conformidade com regulamentações e proteção contra ataques comuns**, como força bruta e injeção de credenciais.

A jornada começa com o **Auth.js**, um framework versátil que permite a implementação de autenticação em aplicações web de forma modular, com suporte a provedores de identidade como Google, GitHub e Facebook. A seguir, o **Keycloak** é apresentado como uma solução completa de gerenciamento de identidade e acesso, permitindo Single Sign-On (SSO) e controle granular de permissões para aplicações corporativas.

O módulo avança para o **Supabase Auth**, um serviço de autenticação que combina facilidade de uso e integração direta com bancos de dados PostgreSQL, fornecendo autenticação baseada em tokens JWT e suporte a OAuth. Complementando essa abordagem, o **Ory** traz uma arquitetura moderna para controle de identidade, oferecendo APIs flexíveis para gerenciar autenticação, autorização e conformidade com padrões como OpenID Connect.

Por fim, a segurança baseada em políticas é abordada com o **Open Policy Agent (OPA)**, um framework poderoso que permite definir e aplicar regras de autorização de forma declarativa, promovendo um modelo seguro e centralizado para decisões de acesso em microsserviços e aplicações distribuídas.

Ao longo deste módulo, cada um desses frameworks será explorado em detalhes, destacando seus principais recursos, casos de uso e implementação prática. A escolha da solução ideal dependerá do nível de controle necessário sobre a autenticação e autorização, do grau de integração com outros serviços e da complexidade da aplicação. Com essa abordagem, desenvolvedores e arquitetos de software terão o conhecimento necessário para fortalecer a segurança de suas aplicações e garantir uma gestão eficiente de identidade e acesso.

CAPÍTULO 36 – AUTH.JS

A autenticação é um dos pilares fundamentais da segurança em aplicações web, garantindo que apenas usuários autorizados tenham acesso a funcionalidades e dados sensíveis. **Auth.js** é uma biblioteca modular e flexível para autenticação, projetada para facilitar a implementação de login seguro em aplicações web modernas.

Diferente de soluções monolíticas, **Auth.js foca em flexibilidade e escalabilidade**, permitindo que desenvolvedores integrem **múltiplos provedores de identidade**, como Google, GitHub, Facebook, Apple, e autenticação via credenciais tradicionais (e-mail/senha) com suporte a JWT (JSON Web Tokens).

Seu propósito principal é simplificar a integração com provedores de autenticação e fornecer uma API consistente para gerenciar login, logout, sessões e recuperação de contas. Alguns dos diferenciais do **Auth.js** incluem:

- **Suporte a múltiplos provedores** – Integração facilitada com OAuth, OpenID Connect, Magic Links e autenticação tradicional.

- **API unificada e segura** – Controle completo sobre sessões, autenticação baseada em tokens e cookies protegidos.

- **Compatibilidade com Next.js** – Integração nativa com aplicações server-side, sem necessidade de configurar um backend separado.

- **Segurança avançada** – Proteção contra ataques de replay, CSRF e gerenciamento eficiente de sessões de usuário.

Com esses recursos, Auth.js se posiciona como uma das melhores opções para quem precisa implementar autenticação moderna de forma prática, segura e escalável.

Instalação e configuração básica

A configuração inicial do **Auth.js** depende do ambiente onde será utilizado. Em aplicações **Next.js**, a instalação pode ser feita com o seguinte comando:
bash

```
npm install next-auth
```

Após a instalação, é necessário criar um arquivo auth.ts dentro da API do Next.js:
typescript

```
import NextAuth from "next-auth";
import Providers from "next-auth/providers";

export default NextAuth({
  providers: [
    Providers.Google({
      clientId: process.env.GOOGLE_CLIENT_ID,
      clientSecret: process.env.GOOGLE_CLIENT_SECRET,
    }),
  ],
});
```

Esse código **configura autenticação via Google OAuth**, utilizando credenciais armazenadas em variáveis de ambiente. Para permitir o login, adicione o seguinte código ao frontend:
typescript

```
import { signIn, signOut, useSession } from "next-auth/react";
```

```
function AuthButton() {
  const { data: session } = useSession();

  return session ? (
    <button onClick={() => signOut()}>Sair</button>
  ) : (
    <button onClick={() => signIn("google")}>Entrar com
Google</button>
  );
}
```

export default AuthButton;

Assim, permite-se que usuários façam login e logout de forma intuitiva, com gerenciamento automático de sessões.

Principais recursos e diferenciais

O **Auth.js** oferece diversas funcionalidades para fortalecer a segurança e flexibilidade da autenticação em aplicações web:

- **Gerenciamento de sessões** – Permite que usuários permaneçam autenticados com tokens seguros armazenados via cookies.

- **Autenticação social** – Suporte nativo para provedores como Google, GitHub, Twitter, Apple e Facebook.

- **JWT e cookies protegidos** – Segurança aprimorada contra ataques de sessão.

- **Recuperação de conta via e-mail (Magic Links)** – Opção para login sem senha, garantindo melhor experiência do usuário.

- **Suporte a múltiplas estratégias** – Além de provedores OAuth, suporta autenticação via banco de dados e WebAuthn.

Esses diferenciais fazem do Auth.js uma solução altamente flexível para aplicações que exigem autenticação segura e moderna.

Casos de uso e quando escolher

O Auth.js é recomendado para aplicações web que exigem autenticação robusta e flexível sem necessidade de um backend dedicado. Algumas situações em que ele se destaca incluem:

- **Plataformas SaaS**, onde usuários precisam se autenticar com diferentes provedores.
- **E-commerce e marketplaces**, exigindo login seguro para clientes.
- **Sistemas corporativos**, com suporte a Single Sign-On (SSO).
- **Aplicações serverless**, onde o gerenciamento de identidade precisa ser feito sem um backend persistente.

Se for necessário um controle granular sobre permissões e autorização, frameworks como Keycloak ou Ory podem ser mais adequados.

Demonstração prática com código
Configurando autenticação via GitHub

Para adicionar autenticação com **GitHub**, atualize a configuração do **Auth.js**:

typescript

```typescript
import NextAuth from "next-auth";
import GitHubProvider from "next-auth/providers/github";

export default NextAuth({
  providers: [
    GitHubProvider({
```

```
    clientId: process.env.GITHUB_CLIENT_ID,
    clientSecret: process.env.GITHUB_CLIENT_SECRET,
  }),
 ],
});
```

No frontend, adicione o botão de login:
typescript

```
<button onClick={() => signIn("github")}>Entrar com
GitHub</button>
```

Agora, usuários poderão se autenticar utilizando **suas credenciais do GitHub**.

Implementando autenticação JWT
Se for necessário usar JWT para autenticação, basta configurar no arquivo auth.ts:
typescript

```
export default NextAuth({
  session: {
    strategy: "jwt",
  },
});
```

Agora, sessões serão gerenciadas via JSON Web Tokens, permitindo integração com APIs externas.

Erros comuns e como resolvê-los
1. Erro: "Provider not configured" ao tentar autenticar

o   Causa: O provedor não foi configurado corretamente.

○　　Solução: Verifique se as **credenciais do provedor** estão definidas corretamente no ambiente.

2. **Erro: "Invalid callback URL" no login OAuth**

○　　Causa: O provedor de identidade não reconhece a URL de redirecionamento.

○　Solução: Configure a **callback URL** correta no painel do provedor (Google, GitHub, etc.).

3. **Erro: "Session expired" ao tentar recuperar sessão**

○　　Causa: O tempo de expiração do token JWT está muito curto.

Solução: Ajuste a duração do token na configuração do **Auth.js**:

typescript

```
export default NextAuth({
  jwt: {
    maxAge: 60 * 60 * 24, // 24 horas
  },
});
```

Boas práticas e otimização

Para garantir melhor desempenho e segurança ao usar Auth.js, siga estas recomendações:

- **Armazene credenciais de forma segura** – Utilize **variáveis de ambiente** para armazenar chaves de API.
- **Implemente autenticação multifator (MFA)** – Aumenta a segurança ao exigir um segundo fator de autenticação.
- **Use JWT apenas quando necessário** – Para aplicações com backend dedicado, **sessões baseadas em cookies** são mais seguras.

- **Revogue sessões inativas automaticamente** – Defina um tempo limite para sessões, reduzindo riscos de acessos indevidos.

Alternativas e frameworks concorrentes

O **Auth.js** compete com diversas soluções de autenticação, como:

- **Firebase Authentication** – Boa alternativa para quem precisa de um backend gerenciado com autenticação integrada.
- **Keycloak** – Indicado para aplicações que exigem **SSO e controle granular de permissões**.
- **Ory Kratos** – Focado em identidade descentralizada e controle avançado de usuários.

Com suporte nativo a múltiplos provedores, flexibilidade e facilidade de implementação, o Auth.js se consolida como uma das melhores opções para autenticação moderna e segura em aplicações web.

CAPÍTULO 37 – KEYCLOAK

A segurança no desenvolvimento de aplicações modernas exige soluções robustas para **autenticação e autorização de usuários**. O **Keycloak** é um framework de **Identity and Access Management (IAM)** que fornece uma solução completa para gerenciamento de identidade e controle de acesso. Ele permite que desenvolvedores implementem **Single Sign-On (SSO), autenticação multifator (MFA) e controle avançado de permissões** sem a necessidade de desenvolver sistemas de autenticação do zero.

Criado pela Red Hat, o Keycloak é uma plataforma de código aberto, amplamente adotada em aplicações empresariais, sistemas distribuídos e microsserviços, garantindo suporte a OpenID Connect, OAuth 2.0 e SAML. Seu propósito principal é fornecer um servidor de identidade centralizado, permitindo que diferentes aplicações compartilhem autenticação sem necessidade de armazenamento duplicado de credenciais.

Algumas das principais características do **Keycloak** incluem:

- **Autenticação e autorização centralizada** – Permite que múltiplas aplicações utilizem o mesmo servidor de identidade.

- **SSO (Single Sign-On)** – Usuários fazem login uma única vez e podem acessar diversas aplicações sem nova autenticação.

- **Autenticação multifator (MFA)** – Suporte a senhas dinâmicas (OTP) e integração com autenticadores.

- **Autorização baseada em regras (RBAC e ABAC)** – Controle de permissões granular para usuários e grupos.

- **Administração flexível** – Interface web completa para gerenciamento de usuários, políticas e provedores de autenticação.

Por ser altamente configurável, Keycloak é amplamente utilizado por grandes empresas e sistemas que exigem segurança avançada e escalabilidade.

Instalação e configuração básica

O **Keycloak** pode ser instalado localmente para testes ou implementado em um ambiente de produção. Ele pode ser executado via **Docker**, tornando sua instalação rápida e eficiente.

Instalação via Docker

Para rodar o **Keycloak** com um banco de dados embutido, utilize:

bash

```
docker run -p 8080:8080 \
  -e KEYCLOAK_ADMIN=admin \
  -e KEYCLOAK_ADMIN_PASSWORD=admin \
  quay.io/keycloak/keycloak:latest \
  start-dev
```

Após a execução, o painel administrativo pode ser acessado em **http://localhost:8080** utilizando as credenciais definidas (**admin/admin**).

Configuração inicial

Após o login na interface administrativa, os passos básicos para configurar uma aplicação são:

1. **Criar um novo Realm** – Um **Realm** no Keycloak é uma instância isolada de gerenciamento de usuários e configurações de autenticação.

2. **Cadastrar um cliente (Client)** – Aplicações que utilizarão o Keycloak precisam ser registradas como **clientes.**

3. **Definir métodos de autenticação** – Escolher entre autenticação por **usuário/senha, OAuth2.0, OpenID Connect ou SAML.**

4. **Criar usuários e grupos** – Gerenciar perfis de usuários e definir permissões para grupos específicos.

Com essa configuração básica, o **Keycloak** já pode ser integrado a aplicações para autenticação centralizada.

Principais recursos e diferenciais

O **Keycloak** se destaca por suas funcionalidades robustas e flexibilidade, sendo uma das melhores opções para empresas que necessitam de controle total sobre autenticação e autorização.

Entre seus principais recursos, destacam-se:

- **Single Sign-On (SSO)** – Permite que usuários façam login uma única vez e tenham acesso a diversas aplicações sem nova autenticação.

- **Identity Brokering** – Integração com provedores externos de identidade, como Google, GitHub, Microsoft e LDAP.

- **Suporte a múltiplos protocolos** – Compatibilidade com **OAuth2.0, OpenID Connect e SAML**, garantindo flexibilidade para diferentes cenários.

- **Autorização avançada** – Controle detalhado de permissões através de **Role-Based Access Control (RBAC) e Attribute-Based Access Control (ABAC).**

- **Administração e auditoria** – Interface completa para gerenciar usuários, sessões e logs de auditoria.

Esses recursos tornam o Keycloak um dos frameworks

de identidade mais completos e poderosos disponíveis no mercado.

Casos de uso e quando escolher

O Keycloak é recomendado para aplicações que necessitam de controle centralizado de identidade e autenticação robusta. Ele se destaca nos seguintes cenários:

- **Empresas que utilizam múltiplos sistemas internos** e precisam de um **SSO seguro** para simplificar o login dos funcionários.

- **Plataformas SaaS (Software as a Service)** que exigem **autenticação segura** e integração com múltiplos provedores.

- **Aplicações corporativas** que precisam de **gestão avançada de permissões e conformidade com padrões de segurança**.

- **Microsserviços que requerem autenticação centralizada**, utilizando OAuth2.0 para comunicação segura entre serviços.

Se o objetivo for uma solução de autenticação simples e fácil de implementar, frameworks como Auth.js ou Firebase Authentication podem ser alternativas mais leves.

Demonstração prática com código
Configurando autenticação OpenID Connect em uma aplicação Node.js

Para integrar o Keycloak a uma aplicação Node.js, instale a biblioteca keycloak-connect:

bash

```
npm install keycloak-connect express-session
```

No backend, configure o middleware do **Keycloak**:

javascript

```
const express = require('express');
const session = require('express-session');
const Keycloak = require('keycloak-connect');

const app = express();
const memoryStore = new session.MemoryStore();

const keycloak = new Keycloak({ store: memoryStore });

app.use(session({ secret: 'minha-chave-secreta', resave: false,
saveUninitialized: true, store: memoryStore }));
app.use(keycloak.middleware());

app.get('/protegido', keycloak.protect(), (req, res) => {
  res.send('Acesso autorizado');
});

app.listen(3000, () => console.log('Servidor rodando na porta
3000'));
```

Esse código protege a rota **/protegido**, permitindo acesso apenas para usuários autenticados no **Keycloak**.

Erros comuns e como resolvê-los
1. Erro: "Invalid redirect URI" ao tentar autenticar

- Causa: A URL de redirecionamento não foi configurada corretamente no Keycloak.
- Solução: No painel administrativo, adicione a URL correta na configuração do **cliente**.

2. Erro: "Client not found" ao tentar fazer login

- Causa: O **ID do cliente** utilizado na aplicação não corresponde a nenhum cliente registrado no

Keycloak.

o   Solução: Verifique a configuração do **cliente** e garanta que ele está ativo.

3. **Erro: "403 Forbidden" ao acessar uma rota protegida**

o   Causa: O usuário autenticado não tem permissão para acessar o recurso.

o   Solução: Defina as permissões corretas no painel administrativo, adicionando **roles ao usuário**.

Boas práticas e otimização

Para garantir máximo desempenho e segurança ao utilizar o Keycloak, siga estas recomendações:

- **Ative autenticação multifator (MFA)** – Exigir um segundo fator de autenticação aumenta a segurança.
- **Gerencie sessões de forma eficiente** – Utilize redis ou bancos de dados para armazenar sessões em ambientes distribuídos.
- **Revogue sessões inativas automaticamente** – Defina **tempo de expiração** para tokens e sessões inativas.
- **Monitore logs de auditoria** – Utilize as funcionalidades do Keycloak para registrar tentativas de login e eventos suspeitos.

Alternativas e frameworks concorrentes

O **Keycloak** compete com diversas soluções de gerenciamento de identidade, como:

- **Auth0** – Alternativa comercial com integração facilitada, mas custo elevado.
- **Okta** – Focado em empresas que precisam de autenticação corporativa e conformidade regulatória.
- **Ory Kratos** – Solução open-source para identidade descentralizada e controle avançado de usuários.

Com suporte a múltiplos protocolos, controle avançado de permissões e administração completa, o Keycloak se destaca como uma das soluções mais poderosas para gerenciamento de identidade e autenticação empresarial.

CAPÍTULO 38 – SUPABASE AUTH

A autenticação é um dos pilares da segurança em aplicações web e mobile, garantindo que apenas usuários autorizados possam acessar informações sensíveis. O **Supabase Auth** é uma solução de autenticação completa e de código aberto, projetada para fornecer **autenticação segura, escalável e fácil de implementar**.

Criado como uma alternativa ao Firebase Authentication, o Supabase Auth utiliza PostgreSQL como backend e fornece autenticação baseada em tokens JWT, OAuth, autenticação por e-mail/senha, logins mágicos e provedores externos. Seu grande diferencial é a integração nativa com bancos de dados relacionais, permitindo o gerenciamento de identidade diretamente no banco de dados, sem necessidade de servidores intermediários.

Entre seus principais recursos, destacam-se:

- Suporte a **múltiplos métodos de autenticação**, incluindo OAuth, WebAuthn e autenticação tradicional.

- **Gestão de identidade baseada em Postgres**, garantindo controle direto sobre usuários e permissões.

- **Tokens JWT seguros**, permitindo a criação de APIs protegidas sem necessidade de um servidor de autenticação separado.

- **Webhooks para eventos de autenticação**, permitindo integração com notificações e monitoramento de acessos.

- **Totalmente open-source**, oferecendo transparência e flexibilidade para desenvolvedores que desejam controle total sobre suas aplicações.

Por sua integração natural com Supabase Database, esse framework é altamente indicado para aplicações que utilizam PostgreSQL como backend.

Instalação e configuração básica

A utilização do Supabase Auth começa com a criação de um **projeto Supabase**. Após criar uma conta e acessar o painel, o próximo passo é configurar a autenticação.

Instalando o SDK no frontend

Se estiver utilizando **JavaScript ou TypeScript**, o primeiro passo é instalar o SDK do Supabase:
bash

```
npm install @supabase/supabase-js
```

Em seguida, configure a conexão no frontend:
javascript

```
import { createClient } from '@supabase/supabase-js';

const supabase = createClient('https://YOUR_SUPABASE_URL', 'YOUR_SUPABASE_ANON_KEY');
```

A partir dessa configuração, é possível autenticar usuários utilizando diferentes métodos.

Habilitando provedores de autenticação

No painel do Supabase, acesse a aba Auth e ative os provedores desejados, como Google, GitHub ou Apple. Em seguida, configure as chaves de API obtidas nas plataformas correspondentes.

Para autenticação via **Google OAuth**, por exemplo, utilize:
javascript

```
const { user, error } = await supabase.auth.signInWithOAuth({
  provider: 'google',
});
```

Se houver erro no login, a variável **error** conterá detalhes da falha.

Principais recursos e diferenciais

O Supabase Auth se diferencia por sua abordagem flexível e escalável, permitindo que desenvolvedores escolham como e onde armazenar credenciais e sessões de usuários. Entre seus principais recursos, podemos destacar:

- **Autenticação sem servidor** – Como não exige um backend dedicado, o Supabase Auth reduz a complexidade na implementação de login seguro.
- **Controle avançado de permissões** – Graças à integração com **Row-Level Security (RLS)** do PostgreSQL, é possível definir regras de acesso diretamente no banco de dados.
- **WebAuthn e MFA** – Suporte a autenticação biométrica e autenticação multifator para aumentar a segurança.
- **Tokens JWT assinados** – Permite integrar autenticação com APIs REST e GraphQL sem necessidade de estado no servidor.
- **Webhooks para eventos de login** – Facilita a implementação de notificações, auditoria de acessos e ações pós-login.

Casos de uso e quando escolher

O Supabase Auth é indicado para aplicações que exigem autenticação segura e baseada em um banco de dados relacional. Alguns casos de uso incluem:

- **Sistemas empresariais**, onde a autenticação está diretamente vinculada a permissões no banco de dados.

- **APIs protegidas por JWT**, onde a autenticação precisa ser integrada ao fluxo de autorização de endpoints.
- **Plataformas SaaS**, permitindo que usuários utilizem logins sociais sem necessidade de um servidor de identidade separado.
- **Aplicações que utilizam PostgreSQL**, aproveitando a segurança e escalabilidade do banco de dados.

Se a aplicação exigir um gerenciamento de identidade mais complexo com controle granular de permissões, frameworks como Keycloak ou Ory Kratos podem ser mais adequados.

Demonstração prática com código
Implementando login por e-mail e senha

O login via e-mail/senha no Supabase Auth é simples e direto:
javascript

```javascript
const { user, error } = await
supabase.auth.signInWithPassword({
  email: 'usuario@example.com',
  password: 'senha123'
});

if (error) {
  console.error('Erro de login:', error.message);
} else {
  console.log('Usuário autenticado:', user);
}
```

Caso o usuário ainda não esteja cadastrado, é possível criar uma conta:
javascript

```javascript
const { user, error } = await supabase.auth.signUp({
```

```
  email: 'usuario@example.com',
  password: 'senha123'
});
```

Logout do usuário

Para encerrar a sessão do usuário autenticado, utilize:
javascript

```
await supabase.auth.signOut();
```

Isso invalida a sessão ativa e remove o token de autenticação.

Protegendo rotas em um backend Node.js

Se a aplicação possuir uma API protegida, é possível verificar o token JWT nos endpoints:
javascript

```
import express from 'express';
import { createClient } from '@supabase/supabase-js';

const app = express();
const supabase = createClient('https://YOUR_SUPABASE_URL',
'YOUR_SUPABASE_ANON_KEY');

app.use(express.json());

app.post('/api/protegida', async (req, res) => {
  const token = req.headers.authorization?.split(' ')[1];

  const { data, error } = await supabase.auth.getUser(token);

  if (error || !data.user) {
    return res.status(401).json({ error: 'Acesso negado' });
  }
```

```
res.json({ mensagem: 'Acesso autorizado' });
});

app.listen(3000, () => console.log('API rodando na porta
3000'));
```

Erros comuns e como resolvê-los
1. Erro: "Invalid API key" ao tentar autenticar

- Causa: A chave de API utilizada não corresponde à configuração do Supabase.
- Solução: Verifique se a chave está correta e se os domínios permitidos incluem a aplicação.

2. Erro: "User not found" no login

- Causa: O e-mail informado não está cadastrado no banco de usuários.
- Solução: Confirme se o usuário existe e se a conta foi verificada corretamente.

3. Erro: "Session expired" ao tentar acessar um recurso protegido

- Causa: O token de autenticação foi revogado ou expirou.
- Solução: Solicite um novo login para renovar o token JWT.

Boas práticas e otimização

Para garantir segurança e eficiência ao utilizar Supabase Auth, algumas práticas são recomendadas:

- **Ative autenticação multifator (MFA)** para reforçar a segurança de contas sensíveis.

- **Configure regras de acesso no banco de dados** usando Row-Level Security (RLS), garantindo que usuários acessem apenas seus próprios dados.
- **Utilize tokens curtos e refresh tokens** para melhorar a experiência do usuário sem comprometer a segurança.
- **Habilite logs de auditoria** para monitorar eventos de login e logout.

Alternativas e frameworks concorrentes

O Supabase Auth compete com outras soluções de autenticação, como:

- **Firebase Authentication**, que fornece um backend gerenciado, mas com menos flexibilidade para PostgreSQL.
- **Keycloak**, para empresas que necessitam de autenticação centralizada e controle granular de usuários.
- **Auth0**, indicado para aplicações empresariais que exigem suporte a múltiplos métodos de login com conformidade regulatória.

Graças à sua abordagem open-source, integração direta com PostgreSQL e suporte a múltiplos métodos de autenticação, o Supabase Auth se consolida como uma das melhores opções para aplicações que necessitam de uma solução de autenticação segura e escalável.

CAPÍTULO 39 – ORY

A segurança da identidade digital e a gestão de acesso são fundamentais para qualquer aplicação web moderna. O **Ory** é uma plataforma de **gestão de identidade e autenticação open-source**, projetada para aplicações escaláveis e seguras. Ele se destaca por fornecer **controle de acesso flexível, autenticação robusta e gerenciamento de sessões distribuídas**.

Diferente de soluções como Firebase Auth e Supabase Auth, que focam em facilitar a integração de login social e autenticação básica, o Ory é voltado para controle avançado de identidade e políticas de autorização personalizadas.

Os principais componentes do Ory incluem:

- **Ory Kratos** – Gerenciamento de identidade e autenticação.
- **Ory Hydra** – Implementação de OAuth2 e OpenID Connect para Single Sign-On (SSO).
- **Ory Keto** – Sistema de controle de acesso baseado em políticas.
- **Ory Oathkeeper** – Gateway de autorização para proteger APIs.

Essa estrutura modular permite que desenvolvedores implementem autenticação multi-fator (MFA), recuperação de senha, gerenciamento de perfis, controle de acesso e SSO de forma flexível e segura.

Instalação e configuração básica

A instalação do Ory depende do componente que será utilizado. Para autenticação e gerenciamento de identidade, utilizamos o **Ory Kratos**.

Instalando o Ory Kratos

O Ory Kratos pode ser instalado localmente ou usando contêineres Docker. Para uma configuração rápida usando Docker, siga os passos abaixo:

1. **Clone o repositório do Ory Kratos:**

bash

```
git clone https://github.com/ory/kratos.git
cd kratos
```

2. **Inicie os serviços do Kratos e banco de dados:**

bash

```
docker-compose up -d
```

Esse comando inicia o **Kratos, Postgres e um servidor de identidade** configurado com regras básicas.

3. **Verifique se o Kratos está rodando corretamente:**

bash

```
curl http://127.0.0.1:4433/health/alive
```

Se tudo estiver certo, a resposta será um JSON informando que o serviço está ativo.

Criando um fluxo de autenticação

Para autenticar um usuário, primeiro é necessário criar um fluxo de login. Isso pode ser feito chamando a API do Ory Kratos:

bash

```
curl -X GET "http://127.0.0.1:4433/self-service/login/api"
```

O retorno contém o ID do fluxo de autenticação, que pode ser utilizado para redirecionar o usuário ao formulário de login. Para autenticar um usuário via API, enviamos a credencial ao endpoint de login:
bash

```
curl -X POST "http://127.0.0.1:4433/self-service/login?
flow=<FLOW_ID>" \
  -H "Content-Type: application/json" \
  -d '{
    "identifier": "usuario@example.com",
    "password": "senhaSegura123"
  }'
```

Se os dados estiverem corretos, o usuário será autenticado e receberá um **token de sessão**.

Principais recursos e diferenciais

O Ory se diferencia por seu controle granular de identidade e autorização, permitindo que desenvolvedores definam regras de autenticação altamente personalizadas. Entre seus principais recursos, destacam-se:

- **Autenticação avançada** – Suporte a múltiplos métodos de login, incluindo e-mail/senha, SSO, autenticação sem senha (passwordless) e WebAuthn.
- **Controle de acesso centralizado** – Implementação de RBAC (Role-Based Access Control) e ABAC (Attribute-Based Access Control).
- **Gerenciamento de sessões** – Monitoramento de acessos e proteção contra sequestro de sessão.
- **Autenticação multi-fator (MFA)** – Suporte nativo para TOTP, autenticação por SMS e dispositivos físicos.
- **OpenID Connect e OAuth2** – Integração com provedores

externos para autenticação federada.

- **Autorização baseada em políticas** – Utilizando o **Ory Keto**, é possível definir regras de acesso detalhadas para APIs e sistemas internos.

Casos de uso e quando escolher

O Ory é indicado para aplicações que necessitam de autenticação avançada, gerenciamento de identidade e controle de acesso centralizado. Alguns exemplos de casos de uso incluem:

- **Plataformas SaaS** – Onde é necessário gerenciar milhares de usuários e definir permissões detalhadas.
- **APIs protegidas por OAuth2/OpenID** – Implementação de Single Sign-On (SSO) e controle de autorização distribuído.
- **Aplicações corporativas** – Que exigem autenticação multi-fator e conformidade com padrões como **GDPR e HIPAA**.
- **Sistemas críticos e fintechs** – Onde a segurança da identidade digital é um fator essencial.

Se a aplicação exigir uma solução mais simples de autenticação baseada em banco de dados, frameworks como Supabase Auth ou Firebase Authentication podem ser mais adequados.

Demonstração prática com código
Implementando login e logout via API

Para autenticar um usuário em um backend Node.js utilizando Ory Kratos, podemos usar o seguinte código:
javascript

```javascript
import axios from 'axios';

const KRATOS_BASE_URL = 'http://127.0.0.1:4433';
```

```
async function login(email, password) {
  try {
    const { data } = await axios.post(`${KRATOS_BASE_URL}/
self-service/login?flow=<FLOW_ID>`, {
      identifier: email,
      password: password
    });

    console.log('Sessão iniciada:', data.session_token);
  } catch (error) {
    console.error('Erro no login:', error.response?.data ||
error.message);
  }
}

async function logout(token) {
  try {
    await axios.delete(`${KRATOS_BASE_URL}/sessions`, {
      headers: { Authorization: `Bearer ${token}` }
    });

    console.log('Sessão encerrada.');
  } catch (error) {
    console.error('Erro no logout:', error.response?.data ||
error.message);
  }
}
```

Protegendo rotas em um backend Express

Para verificar se o usuário está autenticado antes de acessar um endpoint protegido, podemos implementar um middleware:
javascript

```
async function verificarSessao(req, res, next) {
  const token = req.headers.authorization?.split(' ')[1];

  if (!token) {
    return res.status(401).json({ erro: 'Token de autenticação
ausente' });
  }

  try {
    const { data } = await axios.get(`${KRATOS_BASE_URL}/
sessions/whoami`, {
      headers: { Authorization: `Bearer ${token}` }
    });

    req.user = data;
    next();
  } catch (error) {
    res.status(401).json({ erro: 'Sessão inválida ou expirada' });
  }
}
```

Erros comuns e como resolvê-los

1. **Erro: "Missing or invalid flow ID" ao tentar autenticar**

   o Causa: O ID do fluxo de autenticação não foi incluído na requisição.
   o Solução: Certifique-se de obter o ID do fluxo antes de iniciar a autenticação.

2. **Erro: "Session not found" ao verificar sessão do usuário**

   o Causa: O token de autenticação expirou ou foi

revogado.

- ○ Solução: Exija um novo login para renovar a sessão do usuário.

3. **Erro: "Unauthorized" ao acessar APIs protegidas**

- ○ Causa: O usuário não possui permissão para acessar o recurso solicitado.
- ○ Solução: Configure regras de acesso utilizando Ory Keto para definir permissões adequadas.

Boas práticas e otimização

- **Habilite autenticação multi-fator (MFA)** para reforçar a segurança dos usuários.
- **Monitore sessões ativas** para detectar acessos suspeitos.
- **Defina políticas de expiração de tokens** para evitar sessões prolongadas desnecessárias.
- **Utilize logs de auditoria** para registrar tentativas de login e falhas de autenticação.

Alternativas e frameworks concorrentes

- **Keycloak** – Para empresas que precisam de autenticação centralizada com suporte a múltiplos diretórios.
- **Auth0** – Indicado para aplicações que exigem conformidade com padrões como GDPR e HIPAA.
- **Firebase Authentication** – Para desenvolvedores que buscam uma solução gerenciada e fácil de integrar.

O Ory se destaca como uma solução flexível e altamente segura para aplicações que necessitam de controle avançado de identidade e autenticação robusta.

CAPÍTULO 40 – OPEN POLICY AGENT (OPA)

A segurança de aplicações modernas exige um controle de acesso dinâmico, flexível e centralizado. O **Open Policy Agent (OPA)** é um **motor de políticas open-source**, projetado para permitir a **definição, avaliação e gerenciamento de políticas de autorização de forma descentralizada**. Diferente de abordagens tradicionais baseadas em regras rígidas dentro do código da aplicação, o OPA permite **separar a lógica de autorização do código-fonte**, proporcionando mais flexibilidade e escalabilidade.

O OPA é utilizado em diversos cenários, desde controle de acesso em APIs REST e GraphQL, até validação de configurações em Kubernetes, CI/CD e infraestrutura como código. Ele utiliza uma linguagem declarativa chamada Rego, permitindo que desenvolvedores criem regras sofisticadas para determinar quem pode acessar o quê e sob quais condições.

Diferente de soluções como Auth0 ou Keycloak, que gerenciam autenticação e sessões de usuário, o OPA não armazena usuários ou tokens de autenticação. Em vez disso, ele atua como um avaliador de políticas de acesso, permitindo que sistemas determinem se uma solicitação deve ser aceita ou negada com base em regras configuradas.

Instalação e configuração básica

O OPA pode ser executado localmente, dentro de containers ou em ambientes Kubernetes.

Instalando o OPA localmente
1. Baixar e instalar o binário do OPA:
bash

```
curl -L -o opa https://openpolicyagent.org/downloads/latest/
opa_linux_amd64
chmod +x opa
mv opa /usr/local/bin/
```

2. Verificar se o OPA foi instalado corretamente:
bash

```
opa version
```

A saída deve exibir a versão do OPA instalada.

Executando o OPA como um servidor
Para avaliar políticas em tempo real, o OPA pode ser iniciado como um servidor:
bash

```
opa run --server
```

Isso inicia um servidor HTTP local na porta **8181**, pronto para avaliar requisições de políticas.

Principais recursos e diferenciais
O OPA se diferencia de outras soluções de controle de acesso por sua flexibilidade e independência da aplicação. Entre seus principais recursos, destacam-se:

- **Avaliação de políticas em tempo real** – Permite decidir permissões dinamicamente.
- **Independência do código-fonte** – As regras de acesso não precisam ser embutidas no backend.

- **Integração com Kubernetes, APIs e serviços em nuvem** – Pode ser utilizado para validar requisições REST e regras de segurança.
- **Linguagem Rego** – Uma linguagem declarativa que permite criar regras de acesso personalizadas.
- **Execução distribuída** – Pode ser implantado em containers, servidores ou edge computing.

Casos de uso e quando escolher

O OPA é ideal para aplicações que exigem um controle granular de acesso, permitindo implementar políticas dinâmicas sem alterar o código da aplicação. Alguns casos de uso incluem:

- **Autorização em APIs REST e GraphQL** – Avaliação de permissões para endpoints protegidos.
- **Validação de políticas em Kubernetes** – Controle de configurações e segurança de clusters.
- **Segurança em pipelines CI/CD** – Garantia de conformidade nas etapas de deploy.
- **Controle de acesso baseado em atributos (ABAC)** – Definição de regras dinâmicas baseadas em usuários, papéis e contexto da requisição.

Se a aplicação exigir gerenciamento completo de usuários e autenticação, ferramentas como Keycloak ou Auth0 podem ser mais adequadas. O OPA deve ser usado complementarmente, focando na autorização e avaliação de políticas.

Demonstração prática com código
Criando uma política de autorização simples

No OPA, as políticas são escritas em **Rego**. Suponha que precisamos permitir acesso apenas para usuários administradores. Podemos definir a seguinte política:

rego

```
package authz

default allow = false

allow {
    input.user.role == "admin"
}
```

Essa política define que a permissão padrão é negar acesso, exceto para usuários com a role "admin".

Executando a política no OPA

1. **Salvar a política em um arquivo chamado policy.rego.**
2. **Avaliar uma requisição de acesso:**

bash

```
echo '{ "user": { "role": "admin" } }' | opa eval -i - -d policy.rego
"data.authz.allow"
```

Se o usuário for um **admin**, o retorno será **true**. Caso contrário, será **false**.

Aplicando OPA a um endpoint de API

Suponha que temos uma API que deseja validar acessos via OPA. Podemos criar uma política para permitir apenas **métodos GET** em um endpoint protegido:

rego

```
package api.auth

default allow = false

allow {
```

```
    input.method == "GET"
}
```

Para testar essa política no servidor OPA, podemos enviar uma requisição HTTP:
bash

```
curl -X POST "http://localhost:8181/v1/data/api/auth/allow" \
  -H "Content-Type: application/json" \
  -d '{ "method": "GET" }'
```

Se a política for atendida, a resposta será { "result": true }, permitindo o acesso.

Erros comuns e como resolvê-los

1. Erro: "undefined decision" ao consultar política

- Causa: A política não foi carregada corretamente no OPA.
- Solução: Certifique-se de que o arquivo **policy.rego** está correto e foi carregado no OPA.

2. Erro: "false" mesmo para usuários autorizados

- Causa: A entrada enviada não corresponde ao formato esperado pela política.
- Solução: Verifique a estrutura do JSON enviado e ajuste a política para processá-lo corretamente.

3. Erro: "OPA server not reachable" ao tentar acessar via API

- Causa: O servidor OPA pode não estar em execução.
- Solução: Inicie o OPA com opa run --server antes de realizar consultas.

Boas práticas e otimização

- **Mantenha políticas modularizadas** – Separe regras por contexto (ex.: API, banco de dados, CI/CD).

- **Use logs e auditoria** – Registre avaliações de políticas para análise de segurança.

- **Integre com Identity Providers (IdPs)** – Combine OPA com Keycloak, Auth0 ou outros serviços de identidade.

- **Cache de decisões** – Para otimizar desempenho, armazene resultados de políticas frequentemente acessadas.

Alternativas e frameworks concorrentes

- **Keycloak Authorization Services** – Oferece controle de acesso centralizado para aplicações corporativas.

- **AWS IAM Policies** – Solução específica para controle de acesso em serviços AWS.

- **Casbin** – Biblioteca leve de controle de acesso baseada em regras.

O OPA se destaca como uma solução altamente flexível e escalável para controle dinâmico de acesso em APIs, Kubernetes e pipelines de CI/CD, permitindo que autorização e segurança sejam gerenciadas de forma independente da aplicação.

CONCLUSÃO FINAL

O desenvolvimento web e a criação de APIs evoluíram significativamente nos últimos anos, exigindo cada vez mais **ferramentas robustas, flexíveis e eficientes**. Ao longo deste livro, exploramos **40 frameworks essenciais**, cobrindo **frontend, backend, APIs, desenvolvimento full-stack, serverless e segurança**, proporcionando uma visão abrangente sobre as tecnologias mais utilizadas atualmente.

O primeiro módulo abordou os **frameworks para frontend**, fundamentais para a construção de interfaces modernas e responsivas. **React, Vue.js** e **Angular** são líderes do setor, oferecendo componentes reutilizáveis e suporte a aplicações escaláveis. Tecnologias emergentes como **Svelte, Solid.js, Next.js** e **Nuxt.js** trouxeram abordagens inovadoras, destacando-se pela performance e otimização da experiência do usuário.

No **módulo dedicado ao backend**, analisamos frameworks que sustentam a lógica de negócios e o processamento de dados. **Express.js, NestJS** e **Fastify** dominaram a discussão no ecossistema **Node.js**, enquanto **Django** e **Flask** se consolidaram como opções poderosas para desenvolvimento em **Python**. No universo Java, **Spring Boot** e **Micronaut** foram explorados por sua capacidade de criar aplicações robustas. Além disso, **Ruby on Rails** demonstrou sua produtividade característica, enquanto **Fiber** e **Laravel** apresentaram soluções eficientes para **Go** e **PHP**, respectivamente.

A integração entre sistemas foi o foco do terceiro módulo,

onde exploramos **frameworks para APIs e GraphQL**. O **Apollo GraphQL, Hasura** e **GraphQL Yoga** mostraram como tornar as consultas de dados mais flexíveis e eficientes. Já **tRPC, LoopBack, FastAPI** e **Hapi.js** ampliaram as possibilidades de construção de APIs RESTful, combinando desempenho e facilidade de uso.

Os **frameworks full-stack** foram explorados no quarto módulo, destacando tecnologias que **unificam frontend e backend**. **RedwoodJS** e **Blitz.js** trouxeram abordagens modernas baseadas em React, enquanto **AdonisJS** e **Meteor** expandiram o uso de JavaScript para o desenvolvimento completo de aplicações. **Strapi** e **Remix** demonstraram como simplificar a criação de aplicações dinâmicas e interativas.

No quinto módulo, exploramos as tecnologias que estão transformando a maneira como **aplicações são implantadas na nuvem**. O **Serverless Framework** simplificou a execução de funções serverless, enquanto **Vercel** e **Netlify** destacaram-se pela otimização de aplicações frontend. Além disso, **AWS Amplify** trouxe um conjunto completo de ferramentas para aplicações na AWS, e **Deno Deploy** apresentou um novo paradigma para execução de código em edge computing.

A segurança foi o tema central do último módulo, essencial para **proteger dados e garantir o controle de acesso em aplicações web**. **Auth.js, Keycloak** e **Supabase Auth** demonstraram soluções robustas para autenticação e gerenciamento de identidade. **Ory** e **Open Policy Agent (OPA)** trouxeram abordagens avançadas para controle de permissões, reforçando a importância da segurança em projetos modernos.

A **evolução do desenvolvimento web e APIs** segue acelerada, e estar atualizado com as **melhores ferramentas** é essencial para se destacar no mercado. Cada framework apresentado aqui foi escolhido por seu impacto e relevância, permitindo que desenvolvedores, arquitetos de software e engenheiros tomem **decisões mais estratégicas** ao escolherem as tecnologias para seus projetos.

O estudo contínuo e a experimentação são fundamentais para **aprofundar o conhecimento e dominar cada ferramenta**. A tecnologia está em constante mudança, e o diferencial de um profissional está na capacidade de adaptação e inovação. O caminho para a excelência no desenvolvimento passa pela prática constante e pela busca incessante por aprimoramento.

Agradecemos sua jornada conosco ao longo deste livro. Esperamos que este conteúdo tenha agregado conhecimento e proporcionado uma visão clara sobre os **principais frameworks do ecossistema de desenvolvimento web e APIs**. Que este material seja **uma base sólida para impulsionar sua carreira e seus projetos** no mundo da tecnologia.

Cordialmente,
Diego Rodrigues & Equipe!

www.ingramcontent.com/pod-product-compliance
Lightning Source LLC
LaVergne TN
LVHW022302060326
832902LV00020B/3220